くびれ番長の
21日間で
試着室でも
自信が持てる
私になる

J's Beauty 代表
扇田 純

講談社

いつでも鏡に映る自分に自信が持てるボディを目指して！

この本を手に取ってくださって、ありがとうございます。くびれ番長こと扇田純です。

この『くびれ番長の21日間で試着室でも自信が持てる私になる』というタイトルに、「ん?!! 何の本だ？」と興味を持ってくださった方、「あっ！それわかる！」と共感してくださった方、「なんとなく気になる……」と感じてくださった方。皆様ありがとうございます♡

女性にとって試着室は、より自分らしさを引き出してくれる新たな洋服に出会える場所でもあり、偽りのない真実の姿に良くも悪くも直面する場所でもあります。限られた試着スペースの中で、前方、サイドにある至近距離の鏡。否が応でも自分を確認できるライティング。

普段なら見過ごしがちな、いや気づきもしなかった、ブラからはみ出した背中のお肉や、腕の太さやたるみ、浮き輪のようにもたついたお腹まわりに、お尻の形、脚の太さ……。そして、身体にメリハリがなく、洋服に着られている私……。

21日間で
どんな洋服も
着こなせる身体に♡

「ええー、私ってこんな身体だったっけ?」

まず、試着する前に、服を脱いだ自分の身体に驚愕。そしてその服を着たイメージの中の私は、「ステキなはず」と思っていたのに、いざ、着てみると、試着室に入る前の自分の予想を大きく裏切り、「なんか、イメージと違うんですけど……」。「うーん……購入しようかどうか迷う……っていうか私……まずはやせなくちゃ……。もう少し身体引き締めなくちゃ……」と思った経験がありませんか?

「あぁ、もっとスタイルがよかったら似合うのに」「○○ちゃんみたいなスタイルだったら着こなせそう」と思い悩んでしまい、購入はおろか、自分の身体に自信を持てず試着室を出てしまったこと……。

もちろん私も何百回とあります!

そんな経験がある方、わかるわかる!という方に、この本では、どんなときも自信を持って好きな洋服を堂々と試着して、「うん!よいっ!」と鏡の中の自分にOKサインが出せる身体になるための最速のトレーニングを考案しました。おうちでパーソナルトレーニングを受けているかのように、学びながら、楽しみながら、一緒に理想の身体へと変えてみませんか!?

私は2年前に離婚し、心の傷を吹き飛ばすために週2回のトレーニングに没頭しました。今ではパーソナルトレーナーとして、毎日たくさんの女性の身体を見ています。さまざまな身長に対しての体重、体脂肪率、ボディラインの方がいる中で……。

私が考える、洋服がキレイに着こなせる美しいボディとは!?

それは、ただやせているだけではなく、柔らかさ、しなやかさもあり、女性らしさのあるメリハリボディ。「誰かみたいな身体」になるのではなく、自分の骨格や雰囲気、年齢を生かした健康的な身体。この身体を手に入れてしまえば、きっと試着の際だけでなく、日々のモチベーション、ひいては人生までもが好転します。

女性がどんな洋服も着こなせる美しい身体を手に入れるためには、「鍛えるべき筋肉」と「鍛えなくてもいい筋肉」があります。やみくもに筋トレに没頭して「鍛えなくてもいい筋肉」まで鍛えてしまうとただボリュームアップして、太って見えてしまうことも。本書では数百あると言われる筋肉の中から「鍛えるべき15の筋肉」だけを紹介していきます。

やせすぎていなく、鍛えすぎてもいない。

女性らしい柔らかさを残した（脂肪も大事なんです♡）健康的なメリハリボディに導くために、今回は、その土台ともなる「筋肉」の基礎知識も一緒に学びましょう。人間の身体の仕組みへの理解が深まると、使っている部位を意識しやすくなり、さらにトレーニング効果が上がります。

日頃のおうちトレーニングの効果とスピードを、ぐんと上げましょう♡

私と一緒に、試着室でも自信が持てる身体へGO！GO！

CONTENTS

この"15の美やせ筋"を鍛えれば、どんな洋服も着こなせる美しい身体になれます

適度な筋肉があり、引き締めるべきパーツは締まっていて、つくべきところには女性らしい丸みがある。適度な筋肉とともに、その人に合った体脂肪も備わっているメリハリボディ。それが私の思う理想の身体。それを実現するためには筋肉を鍛えることが最重要。

今回、この本では、数百もある人体の筋肉のうち、どんな洋服も着こなせる美しい身体になるために絶対に鍛えてほしい15の筋肉をピックアップしました。それぞれの筋肉の知識を頭に入れながら、その場所を意識しつつトレーニングすることで、さらに効果も上がります。どこか一部分だけを集中的に鍛えるよりも、全体的に鍛えたほうが見た目のバランスも整い、女性らしい身体作りができます。

「筋トレをしすぎると、筋肉ムキムキになったりしませんか?」という声が聞こえてきそうですが、ご安心ください! 女性は、筋肉が肥大しやすい男性とは違い、ホルモンの関係で、そう簡単に筋肉がムキムキになることはありません。

1日10分からでOK! さぁ、メリハリボディに仕上げてくれる「15の美やせ筋」を鍛えて、ご自身の身体のラインをよりキレイに底上げしちゃいましょう♡

詳しくは
P.12〜で解説！

2.
僧帽筋
そうぼうきん
ほっそり首を作る

1.
大胸筋
だいきょうきん
お椀型バストと
ハリのあるデコルテを
作る

4.
三角筋
さんかくきん
華奢な肩を作る

5.
広背筋
こうはいきん
薄い背中を作る

3.
上腕三頭筋
じょうわんさんとうきん
細い二の腕を作る

14.
腹直筋
ふくちょくきん
引き締まった
お腹を作る

15.
腹斜筋
ふくしゃきん
くびれを作る

6.
脊柱起立筋
せきちゅうきりつきん
背中の縦線を
作る

8.
中臀筋
ちゅうでんきん
長い脚を作る

12.
腸腰筋
ちょうようきん
ぺたんこの
下っ腹を作る

7.
大臀筋
だいでんきん
桃尻を作る

9.
内転筋
ないてんきん
もものすき間を
作る

10.
大腿四頭筋
だいたいしとうきん
細い太ももを作る

11.
ハムストリング
セルライトのない
脚を作る

13.
腓腹筋
ひふくきん
モデル脚を作る

SIDE

BACK

FRONT

RULE 2　美やせ筋15の筋トレの組み合わせは自由♪

この本では、全部で15の美しい身体を作るために欠かせない「美やせ筋」をピックアップしました。ノースリーブが似合う二の腕になりたい、スキニーデニムが似合う美尻になりたい、お腹まわりをスッキリさせて水着を着たい！ など、理想の身体を目指して、筋トレを組み合わせて行ってみてください。背中&脚、お腹&二の腕、というように上半身と下半身のトレーニングを組み合わせてもいいですし、上半身の日、下半身の日のように部位別に分けて行うことも可能です♪

RULE 1　トレーニングの際はマット使用がオススメ♡

自宅でトレーニングをする際に、フローリングや絨毯(じゅうたん)の上で何も敷かずに行うと、ひじやひざを痛めてしまったり、滑ったりして怪我の原因にもなるのでマットをできるだけ使うことをオススメします♡ マットの厚さは5ミリがオススメ♪

RULE 3　インターバルは2分！

インターバルは2セット以上行う際に、セット間で取る休憩のことです。筋肉を短時間休ませることで疲労回復し、引き続き効率的に筋肉を鍛えられ、効果が高まります。他にも体脂肪を減少させ、代謝を高めてくれる成長ホルモンの分泌を促します。きちんとインターバルを取って、より筋トレ効果を上げましょう！

RULE 4　やせ期をフル活用！

生理後の約1週間はエストロゲン（卵胞ホルモン）と呼ばれる女性ホルモンが多く分泌され、脂肪燃焼が活発に!! 女性が最もやせやすい時期といわれています。この時期は気合を入れて複数のトレーニングを組み合わせ、いつもより頑張ってみて。シルエットの変化を最も感じやすいはず。

RULE 5　体調の悪い日は無理しないで♡ 女性の身体は日によって変化します

女性の身体は女性ホルモンの影響もあり、周期によって体調も変化しやすいので、短期集中かつ長期間続けられる方法を見つけることが大切。たとえば疲れた日、気分が乗らない日は1つだけ、元気な日、休日などの時間がある日は5つを組み合わせて、など、体調と相談しながら取り組んでみてください。

RULE 6　トレーニング中の呼吸は指定外は自然な呼吸でOK

筋トレを行う際、負荷がかかるときには息をふ〜っと吐き、負荷がなくなるときには息をす〜っと吸うのが基本ルールです。鼻呼吸、口呼吸どちらでもOK。特に呼吸を意識していただきたいところはすべてhow to内に「吐く」「吸う」と記載してありますので、呼吸を止めずに行ってくださいね。

RULE 7　「ビギナーさん」と「慣れてきた方」にわけて目標回数を設定しています

それぞれの筋トレページの左上に、インターバル、そしてビギナーさんと慣れてきた方向けにそれぞれの目標回数をアイコンにして表示してあります。筋トレが初めての方は、キツイかもしれませんが、筋肉は限界まで負荷をかけることで、しっかり刺激され、効果が出やすくなりますので、まずは正しいフォームを意識しながら1回、その後、アイコンで記載している回数を目標に頑張りましょう！

CHAPTER 1

みるみる身体の
シルエットが変わる

美やせ筋15のトレーニング

15 muscle training

筋トレで適度な筋肉をつけることが、女性らしいメリハリボディへの近道。ですが、むやみに筋肉をつければいいというわけではありません。洋服が似合う「引き締まったウエスト」や「キュッと上がったヒップ」になるには、適切なパーツの筋肉を集中的にトレーニングすることが大切なんです。そこで、ここからは15の美やせ筋を紹介するとともに、効果的な筋トレの方法を実践していきましょう。

美やせ筋

01

上向きバストとハリのあるデコルテを作る♥

大胸筋

PECTORALIS MAJOR MUSCLE

大胸筋はバストアップやバストの位置を引き上げ、維持する役割があり、美バストには必須‼ 女性らしさの土台となる大事な筋肉なのですが、セルフトレーニングでは見落とされがち。日頃の日常動作だけでは鍛えることができない筋肉なので、トレーニング始めはキツイですが、継続すると、無理なくできるようになります。バストにハリが出て、デコルテもキレイになるので嬉しいことだらけの筋トレマストな筋肉‼

ココを鍛えると！

バストの位置もカップサイズもアップ♥	✓
ハリのあるお椀型バストを手に入れられる♥	✓
タレ胸になるのを防ぐ！	✓
ドレスが似合うデコルテに♥	✓

こんな人は鍛えて！
● 小胸の人
● タレ胸の人
● 鎖骨（デコルテ）が
　埋まっていて
　見えない人

大胸筋
（だいきょうきん）

胸まわりにある筋肉で、上半身の中でも大きな筋肉。胸郭（きょうかく）の上にある筋肉です。上部・中部・下部と3つの部位に分けられ、腕を内側にねじる動きも担っています。

ハリのあるバストを作る！

ひざつき
プッシュアップ

大胸筋をピンポイントで鍛えられ、すぐに始められるトレーニング。継続することで効果を実感する方多し！最初はちょっとキツイけれど慣れてきたら回数を増やしていきましょう！

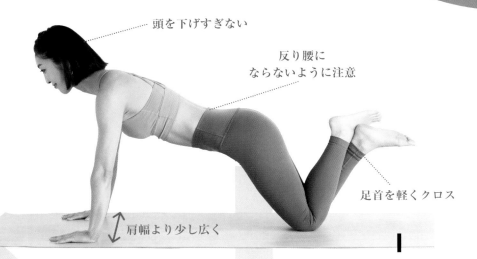

頭を下げすぎない

反り腰に
ならないように注意

足首を軽くクロス

肩幅より少し広く

I
両ひざをつき、
足首をクロスする

腕は肩幅より少し広く開く。四つばいの体勢からひざ下を浮かせ、両足首をクロスさせます。

頭を下げすぎない

2
お腹に力を入れ、
背中を伸ばす

背中をしっかり伸ばし、お腹に力を入れて背中が丸まらないように注意しましょう。

お腹をしっかり
引き締めて

吸う

手と手の間に
胸を下ろすイメージ

ゆっくり下ろす

3
息を吸いながら、両ひじを曲げて胸を地面スレスレまで近づける

息を吸いながら身体を下ろします。下ろす際に脇が外に広がりすぎないようにしましょう。

NG

下ろす際にお腹の力を抜くと、腰が反りやすくなり痛める原因になるので注意しましょう。

吐く

ひじが完全に伸びきる
手前でストップ！

背中が
丸まらないように

ゆっくり上げる

4
息を吐きながら、上体を押し上げる

息を吐きながら両ひじを伸ばして上体を戻します。背中が丸まらないよう、身体をまっすぐにしたまま起こしていくことを意識して。

3 → 4 を繰り返します

女性らしい美デコルテを作る！

プッシュアップ

身体が一直線になるように

肩幅より
少し広く

足は腰幅に開く

四つばいから両足を遠くに伸ばし、腰幅に広げる

両手は肩幅より少し広く開く。お尻が上がってしまわないよう、頭からかかとまでが一直線になるように意識しましょう。

背中を伸ばす

お尻が上がったり
下がったりしない
ように注意

目線は
斜め前方

お腹に力を入れる

2
お腹に力を入れ、背中を伸ばす

猫背になってしまわないよう、お腹に力を入れて背中をまっすぐに伸ばしましょう。

2 → 4 で
1回

10回
×
1セット
ビギナーさんは

15回
×
2セット
慣れてきた方は

2分
インターバル

3

息を吸いながら、
両ひじを曲げて
胸を地面スレスレまで近づける

息を吸いながら身体を下ろします。下ろす際に脇が外に広がりすぎないようにしましょう。

吸う

脇が広がり
すぎないように

ゆっくり下ろす

吐く

頭や視線が下がり
すぎないように

ゆっくり
上げる

お腹にしっかり力を入れて！

4

息を吐きながら、身体を持ち上げ
2 の体勢に戻す

息を吐きながら両ひじを伸ばし、勢いをつけずにゆっくりと身体を持ち上げます。

2 → 4を繰り返します

美やせ筋

02

オフショルが似合うセクシーな首・肩に♥

僧帽筋

TRAPEZIUS MUSCLE

背中美人になるためのマストな筋肉。首や肩のラインを美しく整え、ドレスやオフショルダーの服が、女性らしく決まる!!自分では見えない部位だけれど、案外周囲からは見られているパーツ。首や肩まわりがキレイだと若く見える! ブライダルトレーニングでも必ず取り入れる、女性らしさに磨きをかけるために欠かせない筋肉です。肩こりで悩んでいる人も、この筋肉を動かすことで、肩こり改善効果が期待できます。

ここを鍛えると！

アップヘアが似合うようになる♥	✓
ドレスやオフショルがキレイに着られる！	✓
猫背やスマホ首とサヨナラできる♥	✓
首こり&肩こりが楽になる！	✓

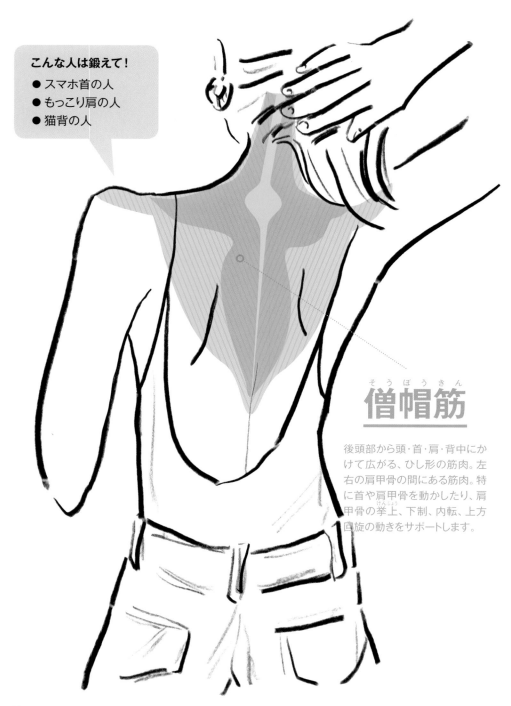

こんな人は鍛えて！
- ● スマホ首の人
- ● もっこり肩の人
- ● 猫背の人

僧帽筋
（そうぼうきん）

後頭部から頭・首・肩・背中にかけて広がる、ひし形の筋肉。左右の肩甲骨の間にある筋肉。特に首や肩甲骨を動かしたり、肩甲骨の挙上、下制、内転、上方回旋の動きをサポートします。

華奢な首・肩ラインをメイク♥

ペットボトル・ショルダープレス

仕事や家事の合間にもできるトレーニング。使っている筋肉を意識しながら行うことで、効果アップ。慣れている方は最初から2kg以上のダンベルで始めるのもオススメ。

胸を張る

肩の力は抜く

2

肩が上がらないように！

I

※500mℓのペットボトルを使用しています

腰幅に

両手を肩の高さに持ち上げる

両手を持ち上げたときに胸を張り、肩の力を抜くことを意識しましょう。

ペットボトルを持って、両足を腰幅に開いて立つ

両手にペットボトルを持ち、足を腰幅に開いて立ちます。

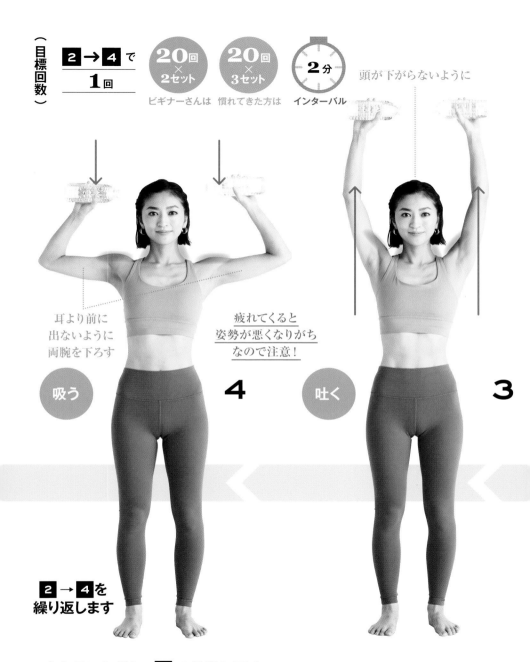

（目標回数）

$2 → 4$ で 1 回

20回 ×**2**セット
ビギナーさんは

20回 ×**3**セット
慣れてきた方は

2分
インターバル

頭が下がらないように

耳より前に
出ないように
両腕を下ろす

疲れてくると
姿勢が悪くなりがち
なので注意!

吸う

4

吐く

3

$2 → 4$ を
繰り返します

息を吸いながら、2 の体勢に戻す

息を吸いながら両腕を下ろし、2 の体勢に戻します。

息を吐きながら、両腕を上げる

息を吐きながらひじを伸びきる手前まで上げます。肩まわりの筋肉を使っていることを感じて。

ペットボトル・ローイング

仕事や家事の合間にも手軽にできるトレーニング。正しいフォームをマスターして美しい首・肩ラインを手に入れよう！慣れている方は2kg以上のダンベルから始めるのがオススメ。

1

※500mlのペットボトルを使用しています

腰幅に

頭は下げず目線は前方に

脇を締めて行う

45°

2

胸を張る

両ひざを曲げ、上体を45度前傾させる

上体を前傾させるときに背中が丸まらないように胸をしっかり張りましょう。

逆手でペットボトルを持って、両足を腰幅に開いて立つ

ペットボトルを持ち、足は腰幅に開いてまっすぐ立ちます。

（目標回数）

 2 → 4 で **1**回

 20回 ×**2**セット
ビギナーさんは

 30回 ×**3**セット
慣れてきた方は

 2分
インターバル

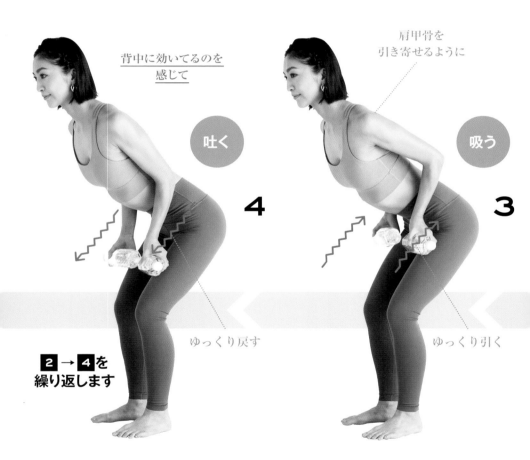

背中に効いてるのを感じて

吐く

4

2 → 4 を繰り返します

肩甲骨を引き寄せるように

吸う

3

ゆっくり戻す

ゆっくり引く

息を吐きながら、両ひじを斜め下にゆっくり下ろす

息を吐きながらペットボトルを元の位置に戻します。勢いをつけずにゆっくりと下ろしましょう。

息を吸いながら、両ひじを斜め上に引き上げる

息を吸いながら両ひじを引いて肩甲骨をゆっくり引き寄せます。脇をしっかり締めたまま行って。

美やせ筋

03

ノースリーブの似合う引き締まった二の腕を作る！

上腕三頭筋

TRICEPS MUSCLE OF ARM

さぁ、きました!! お悩みパーツのトップ3に入る部位で、多くの女性が気になる「二の腕」を鍛える筋肉。上腕三頭筋は、トレーニングしていないとタプタプと緩み、やがて二の腕の太さがどんどん目立つようになります。引き締まった二の腕は、男性だけでなく女性からも「華奢な人」と認識されやすいパーツ。ノースリーブ、半袖、水着を着るときには特に鍛えたい部位なので、自分の自信にもつながります。

ここを鍛えると！

サヨナラ、振袖腕〜！	
ノースリーブが似合うほっそりとした二の腕に❤	
二の腕の脂肪がメラメラ燃える!!	

こんな人は鍛えて！

- タプタプ振袖腕の人
- 二の腕が
  パツパツの人
- 2週間後に結婚式が
  ある人

上腕二頭筋

上腕三頭筋
（じょうわんさんとうきん）

上腕の後ろ側に位置する筋肉で、ひじの関節の伸展、肩関節の内転、伸展動作において働きます。日常生活ではあまり使われないため、弱くなりがちな筋肉。

タプタプ二の腕を刺激して引き締める!

トライセプスリフト

テレビを観ながらなど、座ったままできる手軽なトレーニング。簡単なのに効き目大!! 上腕三頭筋は日常ではあまり使われない筋肉なので、トレーニングを繰り返してほっそり腕に!

I

あごをしっかり
引いて

2

胸を張る

骨盤を立てます

両手を体側に置き、
両手のひらは後方へ向ける

胸を張って背筋をピンと伸ばしましょう。首が前に出ないよう、あごもしっかり引きましょう。

あぐらで座る

お尻に均等に体重が乗るように座骨を安定させ、背筋を伸ばしましょう。

（目標回数）

$\dfrac{3 \rightarrow 4 \text{で}}{1回}$

30回
×
1セット
ビギナーさんは

30回
×
2セット
慣れてきた方は

2分
インターバル

3

二の腕にしっかり
効かせて

腕を左右に広げ
すぎると効果が
薄れるので注意

3 → 4 を繰り返します

呼吸を止めずに
動かして

4

肩が上がらないように

両腕をお尻の後方に戻す

上げた両腕を戻します。肩の力を抜いて行いましょう。

両腕を斜め後方に上げる

お尻の後方から上げ始め、上げられる限界のところまで行いましょう。

ムダ肉のない引き締まった二の腕に！

リバース
プッシュアップ

強度は高めになりますが、二の腕だけでなく体幹（コア）も鍛えられ、効果の表れが加速します。このトレーニングでは血流がよくなるので肩こりの改善も期待できます。

1

長座で座る

上半身はまっすぐ上に伸びていることを意識しましょう。両手は体側に軽く置きます。

········ 背中はまっすぐ！

2

両手を肩幅より少し広めに開き、
指先を自身の方へ向ける

上体を後ろに傾けたときに反り腰にならないよう気をつけましょう。

肩の真下に手首がくるように

両足は閉じる

肩幅より少し広く

（目標回数）

3 → 4 で **1回**

12回 × 1セット
ビギナーさんは

15回 × 2セット
慣れてきた方は

2分
インターバル

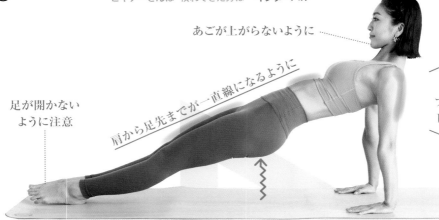

あごが上がらないように

足が開かないように注意

肩から足先までが一直線になるように

腕がプルプルします！

3

両手で押し上げながら、お尻を持ち上げる

両手で身体をゆっくり押し上げ、身体が一直線になるようにまっすぐ伸ばします。

お腹の力が抜けないように！

4

両ひじを曲げながら、お尻を地面スレスレまで下ろす

ゆっくりひじを曲げ、お尻を地面スレスレまで下ろします。お尻を地面につけてしまわないよう注意。

3 → 4 を繰り返します

美やせ筋

04

女性らしく華奢な肩まわりをメイク♥

三角筋

DELTOID MUSCLE

なで肩や締まりのないボワンとした肩を解消するための三角筋。女性らしい肩まわりにしたい人には、マストな部位です。キャミソールやドレス、オフショルダーの服は三角筋を鍛えると、カッコよく着こなせます。目指したいのは、細いだけではなく、ほどよい筋肉と適度に脂肪がついた女性らしさのある肩。手軽に、どこでもできるトレーニングなのに効果は絶大。じわじわ効いているのを実感できるはず。

ノリノリで鍛えると！

オフショルダーの服がキレイに着られる♥	✓
メリハリのないなで肩を解消！	✓
巻き肩とサヨナラできる♪	✓
華奢で女性らしい肩のラインをメイク♥	✓
Tシャツが似合うボディラインに！	✓

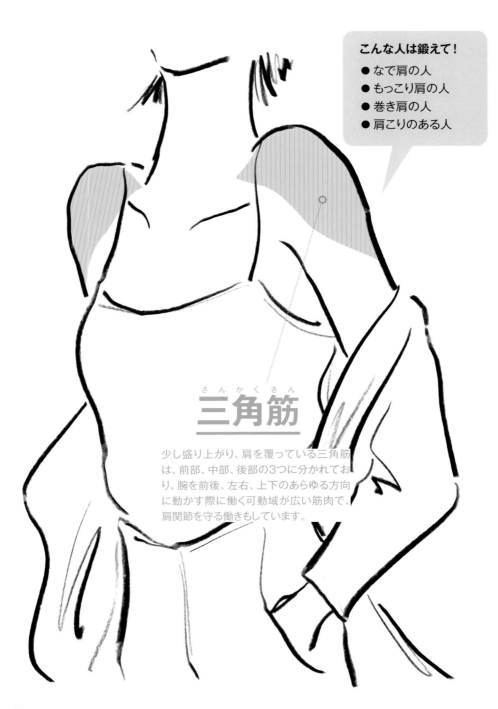

こんな人は鍛えて！
- なで肩の人
- もっこり肩の人
- 巻き肩の人
- 肩こりのある人

三角筋
（さんかくきん）

少し盛り上がり、肩を覆っている三角筋
は、前部、中部、後部の3つに分かれてお
り、腕を前後、左右、上下のあらゆる方向
に動かす際に働く可動域が広い筋肉で、
肩関節を守る働きもしています。

逆三角形で服が似合う肩まわりに

ペットボトル・アップライトロウ

鍛えている部位がわかりやすいトレーニング。正しいフォームが大切なので、慣れるまでは鏡を見ながら行うのもGOOD。慣れてきたらダンベルなどで負荷を増やすとより効果的!

背筋を伸ばし
あごを軽く引く

お腹に
軽く力を入れる

2

1

※500mlの
ペットボトルを
使用しています

腰幅に

両足を腰幅に開いて立ち、胸を張る

猫背にならないよう胸を張り、お腹に軽く力を入れます。

ペットボトルを持って立つ

両手にペットボトルを持って立ち、背筋をまっすぐ伸ばします。

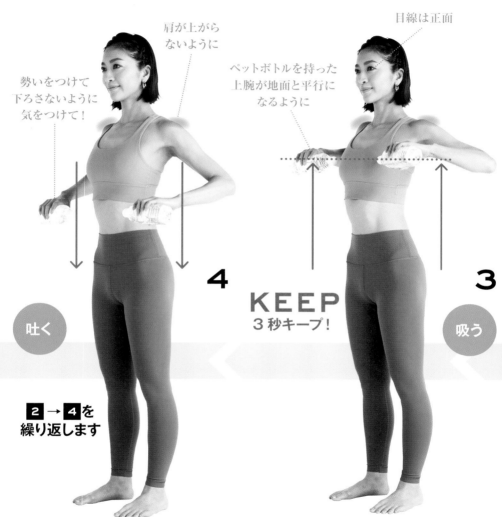

肩が上がら
ないように

目線は正面

ペットボトルを持った
上腕が地面と平行に
なるように

勢いをつけて
下ろさないように
気をつけて！

4

3

KEEP
3秒キープ！

吐く

吸う

2→**4**を
繰り返します

息を吐きながら、腕をゆっくり下ろし **2** の体勢に戻る

息を吐きながら腕を下ろします。勢いをつけず
ゆっくりと下ろしましょう。

息を吸いながら、両ひじを曲げ ペットボトルを胸の高さまで上げる

息を吸いながらひじが下がらないよう上腕を地
面と平行に上げます。胸の高さで3秒キープ。

オフショルが似合うキレイな肩になる！

ペットボトル・リアレイズ

リアレイズとは肩の後ろ側（Rear）を鍛えるトレーニング。肩まわりだけでなく、背中も鍛えられるので巻き肩を予防し姿勢改善にもつながります。慣れている方は最初から2kg以上のダンベルで始めてもGOOD。

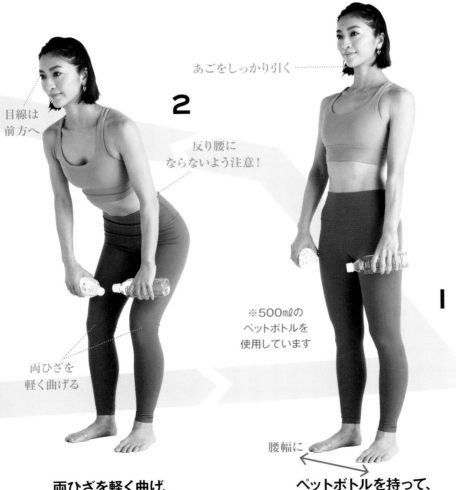

2

あごをしっかり引く

目線は
前方へ

反り腰に
ならないよう注意！

両ひざを
軽く曲げる

※500mℓの
ペットボトルを
使用しています

1

腰幅に

両ひざを軽く曲げ、
上体を45度前傾させる

背筋をピンと伸ばしながらお腹に力を入れます。

ペットボトルを持って、
両足を腰幅に開く

胸を張って背筋をピンと伸ばしましょう。首が前に出ないよう、あごもしっかり引きましょう。

2 → **3**、
2 → **4** で
1 回

10回
×
2セット
ビギナーさんは

15回
×
2セット
慣れてきた方は

2分
インターバル

Y字方向に
広げる

T字方向に
広げる

肩と一直線になるよう
真横に腕を広げて **3**

2 → **3**、
2 → **4** を
繰り返します

4

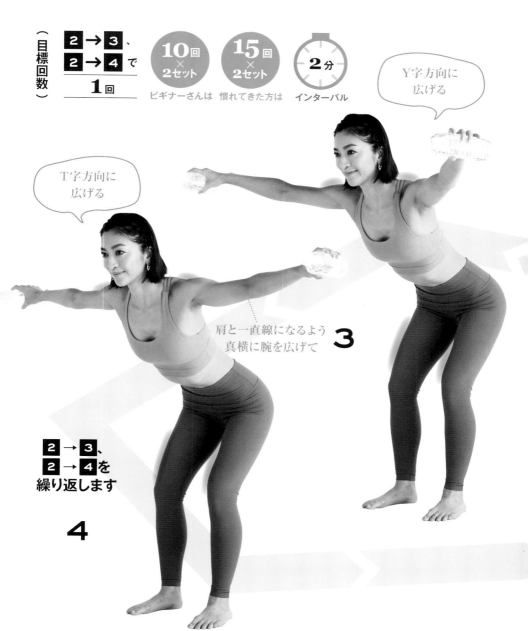

両腕をT字方向に伸ばし、**2** の体勢に戻る

2 の体勢から肩のラインと両腕が一直線になる
よう、真横に腕を伸ばします。

両腕をY字方向へ上げ、**2** の体勢に戻る

ひじに負担をかけないように腕はまっすぐ伸ば
したまま、肩の付け根から両腕を持ち上げます。

美やせ筋

05

くびれを作りたいならお腹よりも背中を鍛えよ

広背筋

LATISSIMUS DORSI MUSCLE

背中は放っておくと、年々厚みが増し、平たくなって、たくましい頼りたくなる背中に変化……。面積が大きい筋肉なので、ここを鍛えることで、背面の表情を作ってくれる背中美人になるための筋肉。正しい姿勢を保ち、細見え効果もアップ！ 肩甲骨まわり、お腹まわりをスッキリと、立体感のある女性らしい美背中を作ってくれます。くびれ作りにも広背筋は欠かせない筋肉！

ココを鍛えると！

自然と美しい姿勢になる！		✓
ブラに乗っかるハミ肉解消♥		✓
ガチガチ肩からの解放♥		✓
薄い背中とキュッとくびれたお腹の両立♥		✓

こんな人は鍛えて！
● 分厚い背中の人
● 肩甲骨が
　埋もれている人
● ブラからハミ肉が
　ある人
● くびれがない人

広背筋は、脇の下と肩甲骨
下部あたりから腰へとつなが
る逆三角形の形をした背中
の大きな筋肉。肩甲骨を内転
させる動作でも働きます。

こう　は　い　きん
広背筋

メリハリのある立体的な背中に！

Ｔレイズ

広背筋の上部に働きかけることができるトレーニングです。併せて三角筋（P.30）も鍛えられるので、上半身のぜい肉が気になる方にもオススメ。しなやかで華奢な上半身を目指しましょう。

つま先と恥骨で身体を
支えるのがポイント！

腰幅に

手のひらは上向きでも
下向きでもOK

つま先を立てる

1

うつ伏せになり、
足は腰幅に開き、つま先を立てる

うつ伏せになり、つま先を立てて身体を支えます。両腕は体側に軽く置きます。

両腕は肩の
高さまで真横に伸ばす

2

両腕を胸の真横に伸ばし、
地面から浮かせる

手のひらを下にして腕が肩の高さと一直線になるよう腕を浮かせます。肩に力が入らないよう注意。

吐く

あごが上がり
すぎないように

3

息を吐きながら、上体を起こす

息を吐きながら上体を起こしていきます。あご
が上がりすぎないように注意しましょう。

吸う

お尻にしっかり
力を入れて！

4

息を吸いながら、2 の体勢に戻す

息を吸いながら腕が肩の高さより下がらないよ
う、2の体勢まで戻します。

2 → 4 を繰り返します

052

リバース
スノーエンジェル

広背筋に加え僧帽筋（P.18）も鍛えられます。面積が大きいので、鍛えれば背中が引き締まるのはもちろん、基礎代謝も上がり、やせやすい身体に。しっかり肩甲骨を寄せて、ゆっくり行うことがポイント。

腰幅に

手のひらは上向きでも
下向きでもOK

1
うつ伏せになり、
足は腰幅に開き、つま先を立てる

うつ伏せになったときに、左右の肩の高さが平行になっていることを意識しましょう。両腕は体側に軽く置きます。

肩に力が入って上がらない
ように注意！

お尻に力を入れる

2
両腕を前に伸ばし、両手のひらを
天井方向に向けて地面から浮かせる

両腕を地面から浮かせたとき、肩に余分な力が
入らないように注意しましょう。

（目標回数） **2 → 4** で **1**回

10回 × **2セット**
ビギナーさんは

15回 × **2セット**
慣れてきた方は

2分
インターバル

3

吐く

息を吐きながら、両腕をお尻の方に引き寄せて上体を起こす

息を吐きながら両腕をお尻の方に引き寄せます。上体を起こしたときに、肩甲骨を寄せるように意識しましょう。

肩甲骨を
寄せるように

あごが上がら
ないように

4

吸う

息を吸いながら、ゆっくり **2** の体勢に戻す

息を吸いながら両腕を戻します。集中すると無意識のうちに動作が早くなってしまうので、ゆっくり行うことを意識して。

腕に勢いをつけない
ように注意！

2 → 4 を繰り返します

美やせ筋

06

憧れのセクシー縦線を背中に作るべし

脊柱起立筋

ERECTOR SPINAE MUSCLE

背骨を囲むように位置し、細長く、背中美人になるためには
マストな筋肉。首から腰にかけて縦に長く背部を覆ってい
て、インナーマッスルとして存在。正しい姿勢を保ち、猫背
改善にも一役買ってくれます。姿勢は、自分自身の印象の決
め手となるもの。美しい姿勢で、第一印象から上げてみませ
んか？ 広背筋（P.36）とセットでトレーニングすると効果抜
群な筋肉。

ここを鍛えると！

人がハッと振り向く美姿勢になれる♥	✓
猫背改善！	✓
体幹（コア）の強化、背中の立体感がアップ！	✓
背中に縦線が入りセクシーさが倍増♥	✓

こんな人は鍛えて！
● 猫背の人
● 平らな背中の人
● 水着や背中の開いた
　服を着たい人

脊柱起立筋
せ き ちゅう き り つ きん

脊柱起立筋とは、脊柱（背骨）
の両側にあり、首から腰にかけ
て縦に長い筋肉。腸肋筋、最長
筋、棘筋で構成されており、主に
背中を反らしたり、姿勢を保持
したりする役割を担っています。

背中に女らしい縦のラインを作る!

バック
エクステンション①

使っている部位を意識しやすいトレーニング。呼吸を意識しながらトライしてみましょう! 腰痛がある方は、無理しないようにしましょう。

手のひらは上向きでも
下向きでもOK

腰幅に

I
うつ伏せになる
足の甲を床につけ、両腕は体側に軽く置きます。

お尻に力を入れて

つま先は
立てる

2
両足はつま先を立て
両ひじを曲げる
足はつま先立ちにして、ひじを曲げて
両手を顔の横に置きます。

44

（目標回数）

2 → 4 で **1回**

10回 × 2セット
ビギナーさんは

15回 × 2セット
慣れてきた方は

2分
インターバル

吐く

勢いを
つけないように

3

息を吐きながら、上体を起こす

息を吐きながら両ひじを後ろに引き、ゆっくりと
上体を起こします。脇を締め、肩甲骨を寄せる
ことを意識しましょう。

4

息を吸いながら、2 の体勢に戻す

息を吸いながらゆっくりと2の体勢に戻します。
勢いをつけて上体を下ろさないように気をつけ
ましょう。

吸う

顔が地面につくスレスレでキープ！

2 → 4 を繰り返します

バック
エクステンション②

肩甲骨を寄せながら上体を起こし、脊柱起立筋により効かせて！ 背骨の両サイドにくぼみを作り、立体感のある背中美人に。

手のひらは上向きでも
下向きでもOK

1
うつ伏せになる
足の甲を床につけ、両腕は体側に軽く置きます。

肩の力を抜いて！

腰幅に

2
両足のつま先を立て、両腕を前方に伸ばして地面から浮かせる
両足をつま先立ちにして、地面スレスレの高さのところで両腕を前方に伸ばします。

（目標回数）

 2 → 4 で 1回

 10回 ×2セット
ビギナーさんは

15回 ×2セット
慣れてきた方は

 2分
インターバル

 吐く

3
息を吐きながら、上体を起こす

息を吐きながらひじを引いて上体を起こします。
肩甲骨を寄せることを意識しましょう。腰を使って起き上がらないように注意。

お尻に力を入れる

あごが上がり
すぎないように

吸う

4
息を吸いながら、身体を 2 の体勢に戻す

息を吸いながらゆっくりと 2 の体勢に戻します。
両手は浮かせたままで行いましょう。

呼吸を止めずに
繰り返します

両手が地面についてしまわないように注意

2 → 4 を繰り返します

美やせ筋

07

外国人のようなまぁるいボリュームのある桃尻に♥

大臀筋

GLUTEUS MAXIMUS MUSCLE

大臀筋を鍛えずして美尻は成立せず！まぁるいお尻のフォルムを作ってくれる、大事な筋肉。お尻は形が大事！座りっぱなしでお尻が潰れっぱなしの人、加齢とともに丸みが失われ、平たいお尻になってしまった人など、悩みはさまざまで、ついついお尻のラインが隠れる服を選びがちに。成果の出やすい部位なので、諦めずに最低3週間は頑張ってみて。25歳を超えたら、筋トレ以外で美尻はキープできない!!

ここを鍛えると！

お尻がまぁるくなる♥	✓
基礎代謝量がグーンとアップ！	✓
お尻のボリュームアップ♪	✓
お尻がキュッと上がるから脚長効果も♥	✓

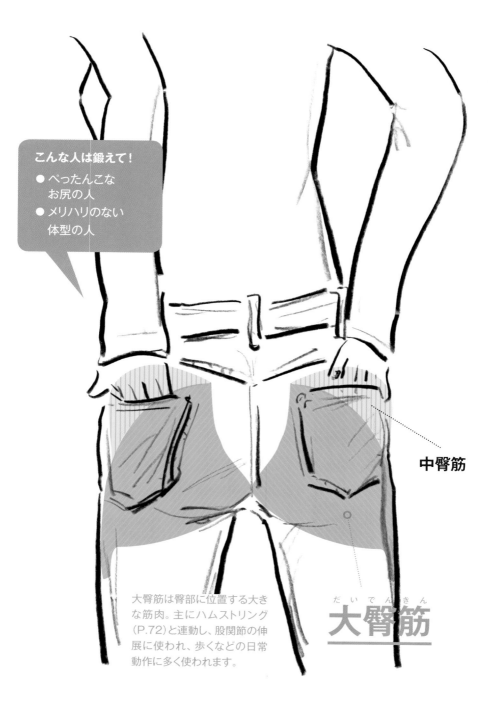

こんな人は鍛えて！
- べったんこな
  お尻の人
- メリハリのない
  体型の人

中臀筋

大臀筋は臀部に位置する大き
な筋肉。主にハムストリング
（P.72）と連動し、股関節の伸
展に使われ、歩くなどの日常
動作に多く使われます。

だいでんきん
大臀筋

丸くてボリューミーなヒップに!

ベントレッグ・ドンキーキック

四つばいの体勢でロバ（ドンキー）のように足を後ろに蹴り上げる運動。器具を使わずに、すぐに始められて効果を感じやすいトレーニング！まぁるいお尻を作って後ろ姿美人に♥

1

四つばいになり、両手は肩幅より少し広く開く

肩の真下に両手を置き、股関節の下にひざを置きます。

股関節の下にひざがくるように

90°

腰幅に

肩幅より少し広く

お腹の力を抜かないように

2

片脚をお尻の高さまで上げる

脚を上げたときに上半身と地面を平行に保つことがポイントです。上半身が反ってしまうと腰を痛めることがあるので注意しましょう。

（目標回数）

$3 \rightarrow 4$ で
$\underline{1}$ 回

左右各
15回
×
2セット
ビギナーさんは

左右各
20回
×
2セット
慣れてきた方は

2分
インターバル

頭が下がらないように

肩に体重が
乗らないように！

90°

3
ひざを曲げ、足裏を天井方向に向ける

ひざの角度は90度をキープして股関節から蹴り上げるようにするのがポイントです。

鍛えているお尻の
筋肉を意識しながら
動かして！

90°

4
脚をお尻の高さまで戻す

脚をしっかり上げることで大臀筋が鍛えられますが、上半身のフォームが崩れないように注意。

$3 \rightarrow 4$ を繰り返します

072

シングルレッグ・ヒップスラスト

片脚ずつ行いながらお尻を上げるこのトレーニングは、お尻を鍛えながら、体幹（コア）も鍛えられるのがポイント。キツめですが、しっかり鍛えてお尻のボリュームアップを♥

あごを引く

肩の力を抜いて!

I
仰向けになる
仰向けになり、あごを軽く引きます。両腕は体側に軽く置きます。

腕と脚が平行になるように

反対側の脚はひざを立てる

お腹に力を入れて!

2
片脚と両腕を天井方向に伸ばす
伸ばした脚と腕を天井へとまっすぐ伸ばし、余分な力を抜きましょう。

（目標回数）

3 → 4 で 1回

左右各
10回 ×2セット
ビギナーさんは

左右各
15回 ×2セット
慣れてきた方は

2分
インターバル

3

片足で地面を押し、息を吐きながら、お尻を上げる

息を吐きながら地面についた足でお尻と上半身をゆっくりと上げます。軸足のかかととでしっかり押し上げます。

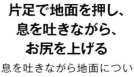

お尻をしっかり上げる

吐く

かかと重心

4

息を吸いながら、地面スレスレまでお尻を下ろす

息を吸いながら地面スレスレまでゆっくりお尻を下ろしたら、そのまま**3**の体勢に戻ります。

3 → 4 を繰り返します

吸う

ひざは曲がっても大丈夫

地面スレスレのところでキープ！

美やせ筋

08

キュッと上がったお尻で脚長効果も手に入れる♥

中臀筋

GLUTEUS MEDIUS MUSCLE

大臀筋に続いて、ヒップアップには欠かせない筋肉。キュッとお尻の高さを上げてくれるのは、中臀筋の役目。年々、お尻が下がり、横に広がると、脚も短く見えるし、自分のモチベーションもダウン……。中臀筋を鍛えて、お尻を本来あるべき位置に戻し、とにかく引き上げ！引き上げ！お尻の位置が上がることで、お尻の形の変化はもちろん、脚長効果も！お尻はトレーニングでいくらでも変えられる！

を鍛えると！

ヒップの位置をキュッと上げてくれる♥	✓
お尻の形が劇的に変わる！	✓
腰痛改善にお役立ち♪	✓
パンツスタイルが決まりやすくなる！	✓

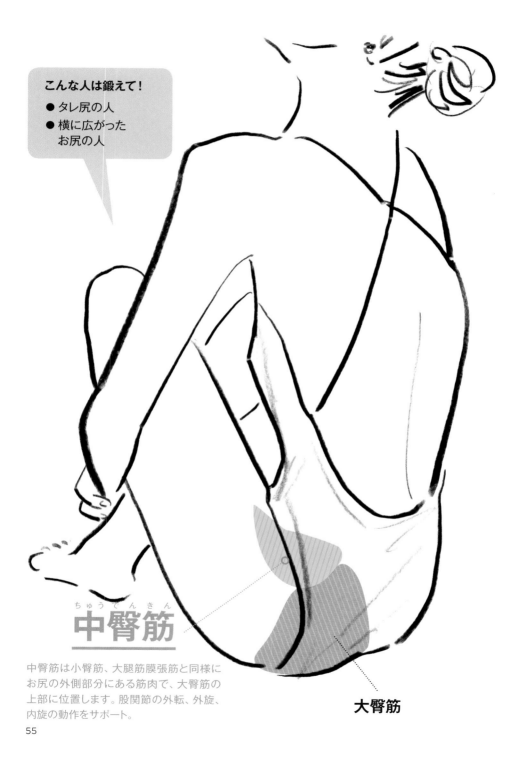

中臀筋
ちゅうでんきん

中臀筋は小臀筋、大腿筋膜張筋と同様に
お尻の外側部分にある筋肉で、大臀筋の
上部に位置します。股関節の外転、外旋、
内旋の動作をサポート。

大臀筋

ヒップの位置が高くなる！

サイドレッグ レイズ

お尻のトレーニングをしたことがない人も気軽に始められるトレーニング。勢いをつけず、お尻から脚を上げるイメージでトライ！ 横向きの姿勢を維持するだけで体幹（コア）を鍛えられます。

身体が一直線になるように

I

横向きに寝て腕を伸ばす

身体の下側になった腕は耳につけてまっすぐ伸ばし、上側の手は身体の前に軽く置きます。

骨盤を正面に向ける

ひじがグラグラ
しないように

2

ひじをつき、前方に置いた
手を腰に添える

骨盤が正面を向くようにして、身体が一直線になるようにしましょう。

56

左右各
15回
×
2セット

ビギナーさんは

左右各
30回
×
2セット

慣れてきた方は

2分

インターバル

3

息を吐きながら、つま先を前方に向け 上の脚を上げる

息を吐きながら勢いをつけず上の脚の付け根から ゆっくり上げ、1秒キープ。

つま先を前方に向ける

お尻の筋肉を意識して

吐く

KEEP
1秒キープ！

吸う

呼吸を止めずに！

4

息を吸いながら、 ゆっくり 2 の体勢に戻す

勢いをつけないよう、ゆっくりと脚を下ろ すのがポイント。

2 → 4 を繰り返します

ヒップ アブダクション

横に広がったお尻をキュッと上げる！

082

脚を開くという動作により、ヒップアップに重要な中臀筋にしっかりフォーカスできます。骨盤や姿勢を安定させるのに体幹（コア）も使うので、お腹まわりも鍛えられます。

腰が反らないように

あごを軽く引く

肩幅に

1
四つばいになる
両手を肩の真下に置き、股関節の下にひざを置きます。あごは軽く引きます。

腰幅に

頭を下げず視線は斜め前方へ

肩幅より少し広く

2
両手を肩幅より少し広げて、上半身の力を抜く
両手を肩幅より広めに置きます。足の甲を寝かせます。

足の甲を寝かせる

58

（目標回数）

 2 → 4 で **1**回

 左右各 **12**回 **×2セット** ビギナーさんは

 左右各 **20**回 **×2セット** 慣れてきた方は

2分 インターバル

3
息を吐きながら、片脚を真横に開く

息を吐きながらお尻の位置を動かさないように片脚を真横に開き、1秒キープ。

吐く

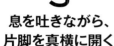

KEEP 1秒キープ！

お腹の力を抜かない

4
息を吸いながら、ゆっくり 2 の体勢に戻す

息を吸いながら開いた脚を下ろし、ゆっくり 2 の体勢に戻していきます。

吸う

ゆっくりと戻す

2 → 4 を繰り返します

美やせ筋

09

スキニーデニムが似合う美脚への近道！

内転筋

ADDUCTOR MUSCLE

内ももをスッキリさせ、脚やせには欠かせない美脚筋。女性は内転筋をしっかり使えている人が少ないので、O脚の原因になったり、外ももが張りやすくなります。下半身の筋力不足な人、レギンスやスキニーデニムをはく人なら絶対に鍛えてほしい内転筋。正しい姿勢を保ち、身体のバランスを安定させてくれる効果もあります。トレーニングすると、即日効果を感じやすいのも嬉しい！ 引き締まった内ももを手に入れましょう！

ここを鍛えると！

内ももがスッキリして脚全体が細く見える♥	✓
ガニ股予防、O脚改善♥	✓
どっしり下半身から卒業♪	✓
骨盤が安定し、歪みのない身体に！	✓

こんな人は鍛えて！
- 太ももにすき間がない人
- 内ももがぷにぷにの人
- ガニ股の人
- ○脚の人

内転筋
ないてんきん

短内転筋、長内転筋、大内転筋、小内転筋、薄筋、縫工筋といった筋肉をまとめて内転筋と呼びます。主に股関節の内転動作に使われる筋肉。

美やせ筋

09-1

レッグオープン

仰向けで行える通称「足パカトレーニング」。寝る前にベッドの上でもできます。内転筋を鍛えながら、脚のむくみや疲れも解消できるので一日の終わりのリラックスタイムにオススメ。

1

仰向けになり
両脚を上げる

両脚を天井方向に上げます。
両腕は体側に軽く置きます。

腰が浮かない
ように注意！

あごは軽く引く

目線はつま先

できるだけひざを伸ばして

2

両脚を左右に大きく開脚する

両脚を開きます。痛いけれど気持ちいいと思える速さで開脚します。

（目標回数）

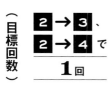 → 、
 → で
1回

15回
×
2セット
ビギナーさんは

25回
×
2セット
慣れてきた方は

2分
インターバル

つま先は伸ばしましょう

3
両脚を中央に引き寄せて
クロスして、**2** の体勢に戻す
勢いをつけずにゆっくりと脚を動かし
ましょう。

お腹に力を入れる

…… 内ももを意識！

4
2 の体勢から
両脚をゆっくりクロスして、
2 の体勢に再度戻る
脚を動かすときに腰が浮かな
いよう、しっかりお腹に力を入
れて身体を支えましょう。

2 → **3**、 **2** → **4** を繰り返します

引き締まった内ももを作る！

レッグ
アダクション

内もももにダイレクトに効かせることができるトレーニング。こちらも寝たままできるので、「ながらトレーニング」にぴったり。特に脚やせが目標なら週3回は行ってほしいトレーニングです。

002

骨盤を正面に向ける

1

横向きに寝て腕を伸ばす

身体の下側になった腕は耳につけてまっすぐ伸ばし、上側の手は身体の前に軽く置きます。

上の足が地面につかない場合は、ブランケット等の上に足をのせてみて

手は腰に軽く添える

2

ひじをつき、上側になる脚のひざを曲げて
前方に出す

脚を組むように交差させて身体の前に出します。

（目標回数）

3 → 4 で
1回

左右各
15回
×
2セット
ビギナーさんは

左右各
30回
×
2セット
慣れてきた方は

2分
インターバル

つま先はまっすぐ！

3
下側になっている脚を上げる

下側になっている脚を天井に向けてゆっくり上げます。つま先はまっすぐ伸ばします。

お腹に力を入れて
身体を安定させて

地面に脚がつかないように

4
脚を地面スレスレまで下ろす

脚を限界まで上げたら、今度は地面スレスレまでゆっくり下ろします。

3 → 4 を繰り返します

65

美やせ筋

10

食べても太らない♥燃焼スピードをトップギアに♥

大腿四頭筋

QUADRICEPS MUSCLE

太ももの前側に位置する、面積の大きな筋肉。ここを鍛えることでダイエット効果が上がり、基礎代謝量にも大きく影響を与えます。つまり太りにくく、やせやすい身体を作るなら、大腿四頭筋のトレーニングはマスト。ただ、筋肉が硬く、張ったままの状態からいきなり始めるのは逆効果なので、気になる方はローラーなどでほぐしてから始めるのがベスト。

を鍛えると！

基礎代謝量がグーンとアップ！	✓
ダイエット効果大のスペシャルパーツ！	✓
下半身のむくみ改善♥	✓
太ももの引き締め＆冷え性改善♥	✓

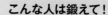

大腿四頭筋
<small>だ い た い し と う き ん</small>

大腿四頭筋は太もも全体の筋肉群
の総称。大腿直筋、外側広筋、内側
広筋、中間広筋という4つの筋肉で
構成されています。全身の筋肉の中
でも大きな筋肉で、太もも、主にひざ
関節を支える役割を担っています。

代謝スピードをグッと底上げ！

スクワット

下半身の王道トレーニングですが、筋肉に効くのは、正しいフォームだけ。ここでしっかり正しいフォームをマスターして、下半身の筋力強化や食べてもガンガン燃やしてくれる代謝のいい身体になりましょう。

あごは軽く引く

反り腰にならないようにお尻の内側に力を入れる

2

1

ひざとつま先を同じ方向に開く

肩幅より少し広く

つま先をひざと同じ方向に開き、両手は胸の前で組む

胸を張り、両手は胸の前で軽く組みましょう。

両足を肩幅より少し広めに開く

まっすぐ立つのは案外難しいもの。お腹が出たり、猫背になっていないかチェックしましょう。

2 → 4 を繰り返します

吐く

反り腰に
ならない
よう注意

吸う

4

3

かかと重心

息を吸いながら、2 の体勢に戻す

息を吸いながら 2 の体勢に戻します。勢いをつけずにゆっくりと行います。

息を吐きながら、上半身を前傾させ腰を下ろす

息を吐きながら両ひざをつま先より前に出ないように曲げ、腰をゆっくり下ろします。

ペットボトル・スプリットスクワット

ペットボトルで負荷を足し、より下半身の筋力アップに。太ももだけでなくヒップアップや体幹（コア）の強化も期待できます。

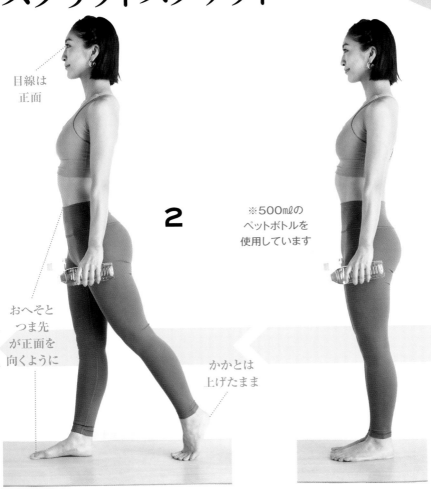

目線は
正面

2

※500mℓの
ペットボトルを
使用しています

1

おへそと
つま先
が正面を
向くように

かかとは
上げたまま

片足を1歩分後ろに引き、かかとを上げる

後ろに引いた足のかかとは、上げたままでキープします。

ペットボトルを持ち、両足を揃えて立つ

背筋をまっすぐ伸ばし、両手にペットボトルを持って立ちます。

（目標回数）

$$2 \rightarrow 4 \text{ で} \over 1回$$

左右各
15回
×
2セット
ビギナーさんは

左右各
20回
×
2セット
慣れてきた方は

2分
インターバル

背中が丸まったり、
反らないように

4

上半身が
前傾しない
ように注意

グラグラ
しやすいので
体幹を意識

3

ゆっくり **2** の体勢に戻す

ゆっくりと**2**の体勢まで身体を戻します。

2 → **4** を繰り返します

両ひざを曲げ、後ろ脚のひざを
地面スレスレまで下ろす

上半身は一直線に保ったまま、どちらか片方に
体重が乗らないように腰を真下に下ろすイメー
ジで。

美やせ筋

11

美脚力と美尻力を格段に高める！

ハムストリング

HAMSTRING

見落としがちな筋肉No.1ともいうべきハムストリング。裏ももに位置し、美尻と美脚には必須な筋肉。意識しないと使う機会も少なく、セルフトレーニングでは出番が少ない部位。お尻と太ももの境目がない人、裏もものセルライトが気になる人、腰痛がある人、脚やせしたい人にはトレーニングがマストな筋肉です。自重トレーニングで充分効果を実感しやすいのでぜひトライしてみて。

ここを鍛えると！

ヒップアップ効果抜群！	✓
基礎代謝がグーンとアップ♥	✓
美脚になり、脚が長く見える！	✓
憎きセルライトを撃退♥	✓

ハムストリングとは太ももの裏
にある3つの筋肉の総称。大
腿二頭筋、半腱様筋、半膜様
筋の3つで構成されていま
す。股関節の伸展とひざ関節
の屈曲を主に担っています。

ハムストリング

だいたい に とう
大腿二頭筋 ··········

はんけんよう
半腱様筋 ··········

はんまくよう
半膜様筋 ··········

お尻と太ももの境目を作る！

ヒップリフト

仰向けで行うので、就寝前などに手軽にできるトレーニング。ハムストリングを鍛えつつ、大臀筋も鍛えられるのでヒップアップ効果も期待できます。

1
仰向けになり、両ひざを立てる
両ひざを立て、両腕は体側に軽く置きます。

両腕は体側に置いて
リラックス

2
ひざ下よりも
遠い位置にかかとをつく
両足は肩幅より広く開きましょう。足裏は浮かせてかかとだけつくのがポイントです。

つま先を上げる

肩幅より広く

3

息を吐きながら、両腕を上げ
お尻を上げる

息を吐きながらゆっくりお尻を上げ、2秒キープ。鎖骨からひざまでがまっすぐ一直線になるよう意識して。

KEEP
2秒キープ！

かかとでしっかり
地面を押す

かかと重心

吐く

4

息を吸いながら、
地面スレスレまでお尻を下ろす

息を吸いながらお尻をゆっくり下ろします。ひざが内側に入らないように注意しましょう。

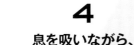

お尻が
つかないまま上げるので
かなりキツイ！

かかと重心

吸う

3 → 4 を繰り返します

上半身の力は抜いてリラックス

もも裏（ハムストリング）を引き締める！

シングルレッグ・ルーマニアン・デッドリフト

ハムストリングはもちろんのこと、美脚やヒップアップ、バランス力や体幹（コア）も鍛えられます。初めは安定しづらいですが、鏡を見ながら行うとより正確な動きができるはず。

1

足を揃えて立つ

肩の力を抜いて立ちます。お腹に軽く力を入れましょう。

反り腰に注意

お腹に軽く力を入れて

体幹を意識

2

両腕を前方へ伸ばし、後ろ側の足を1歩分引いてかかとを上げる

伸ばした腕は地面と平行になるように意識して。かかとを上げたときに上体が傾かないように気をつけて。

（目標回数）

3 → 4 で 1回

左右各

10回 × 2セット
ビギナーさんは

左右各

15回 × 2セット
慣れてきた方は

2分
インターバル

3

脚をお尻の高さまで上げる

腕はまっすぐ伸ばしたまま上体を前に倒し、脚をお尻の高さまで上げます。

目線は前方へ向けます

軸足のひざを軽くゆるめる

体幹を意識

4

ひざを胸の方に引き寄せる

後ろに上げた脚を地面につけないようにして胸の方に引き上げます。

3 → 4 を繰り返します

美やせ筋

12

ぽっこり下っ腹とサヨウナラ♥

腸腰筋

ILIOPSOAS MUSCLE

背骨を中心とした上半身の体幹（コア）を安定させ、支える役割。インナーマッスルであり、上半身と下半身をつなぐ大事な筋肉。腸腰筋が弱いと、脚を前後に開く力や、脚を上げる動作がしにくく、何もないところで、つまずきやすくなります。正しい姿勢や骨盤の安定にも関わってくるのでしっかりと鍛えたい部位。土台が安定してこそ、キレイなボディラインは生まれる！

ココを鍛えると！

骨盤を正しい位置にリセット♥	✓
正しい姿勢をキープできるようになる！	✓
ぽっこり下っ腹との絶縁♥	✓
内臓が下がるのを防ぐ！	✓

こんな人は鍛えて！
- ぽっこり下っ腹の人
- 姿勢が悪い人
- お酒が好きな人
- 腰痛がある人

ちょうようきん
腸腰筋

上半身と下半身をつなぎ、背骨を中心とした上半身の体幹を安定させ、支える役割。背骨から脚の付け根を結ぶ大腰筋、小腰筋、腸骨筋の総称。

レッグシザーズ

腸腰筋にアプローチできるトレーニング。簡単そうに見えてけっこうキツイ!!腸腰筋を鍛えると同時に体幹（コア）を強化します。できるだけひざを伸ばしてももの付け根から動かして。

1

長座になる

座ったときにひざが曲がらないようにピンと伸ばしましょう。両手は体側に軽く置きます。

ひざが曲がらないように

肩に体重が乗りすぎないように

2

上体を倒して両ひじをつく

上体を後ろに倒し、両ひじを両肩の真下について上半身を支えます。

4 を左右で **1**回

12回 ×**2**セット
ビギナーさんは

20回 ×**2**セット
慣れてきた方は

2分
インターバル

3

両脚を45度の位置に上げる

両脚を揃えたままゆっくり上げます。腕で身体を支えるのではなく、お腹に力を入れたままアップ。

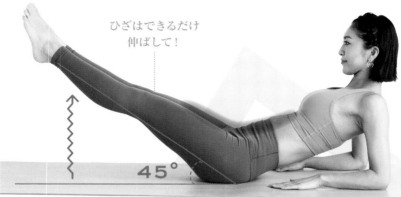

ひざはできるだけ
伸ばして！

45°

腰が反らない
ようにお腹に
力を入れて

4

ひざを伸ばしたまま
脚を交互に上下に動かす

片方の脚を地面スレスレまで下ろしたら、勢いをつけずに左右の脚をゆっくりチェンジします。

左右で
1回

ニーレイズ

体幹（コア）も鍛えられるトレーニング。ひざをしっかり伸ばすことで、インナーマッスルである腸腰筋が強化されます。難易度高めですが、何度も繰り返すことでできるようになります。

1
仰向けになる

ひざをまっすぐに伸ばし、腰が浮いていないかを確認して。あごは軽く引きます。

あごは軽く引いて

両腕は体側に軽く置く

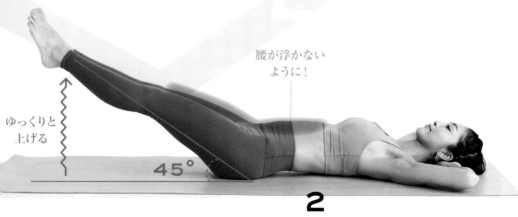

腰が浮かない
ように！

ゆっくりと
上げる

45°

2
両手は後頭部に添え、
両脚を45度の位置に上げる

両脚を揃えたまま上げます。腰が浮きすぎると腰痛の原因になるので注意。

ビギナーさんは

慣れてきた方は

インターバル

背中を丸めて
おへそを見て

吐く

3

息を吐きながら、上体を起こして
ひじとひざを近づける

息を吐きながら上体をゆっくり起こし、おへそを
見ながらひじとひざを近づけます。

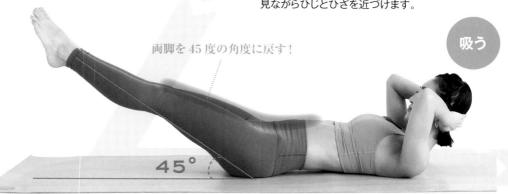

両脚を 45 度の角度に戻す！

吸う

45°

4

息を吸いながら、2 の体勢に戻す

ひじとひざが近づいたら、ゆっくり上体を後ろに
倒して2の体勢に戻します。

2 → 4を繰り返します

美やせ筋

13

モデルのようなほっそりふくらはぎを作るなら

腓腹筋

GASTROCNEMIUS MUSCLE

腓腹筋はふくらはぎに位置する筋肉。スリムでキュッと引き締まったふくらはぎを形作り、美脚の要（かなめ）的な存在。脚がむくみやすい人、脚の太さが気になる人、ただ細いだけでなくしなやかな筋肉をつけたい人、ふくらはぎの形が気になる人は、オススメのトレーニング部位。運動パフォーマンスの向上も期待できます。脚がパンパンに張っている人は、いきなりトレーニングせず、ハリやむくみをほぐしてから行うこと！

ここを鍛えると！

ふくらはぎの位置が高くなり、モデル脚に！	✓
足首がキュッと細くなる♥	✓
ひざ下がほっそりと引き締まる♥	✓
ひざ下のむくみを一気に解消！	✓

腓腹筋

腓腹筋は、下腿三頭筋を形成する筋肉の1つであり、ふくらはぎに位置します。足関節の伸展や屈曲を補助する役割を担っています。また、二関節筋として足関節だけでなく、ひざ関節の動きにも関与し、運動パフォーマンスの向上に貢献。

ふくらはぎの位置を高く！

エレベイテッド・カーフレイズ

カーフレイズはふくらはぎの筋肉を重点的に鍛えるトレーニング。階段や安定した台があれば、いつでもどこでも行えるトレーニング。美脚を目指して丁寧に行おう！

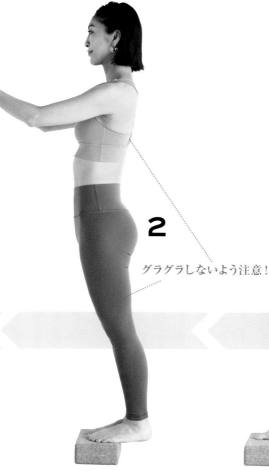

2

グラグラしないよう注意！

１

台に足裏の半分を乗せ、両手を軽く壁に添える

かかとが浮いた状態になると上半身がグラグラすることがあるので、両手で支えましょう。

階段や台に立つ

両手をつくところがある階段や壁の前に台を置いて行いましょう。

呼吸を止めないで

お腹をグッと
締める

4

3 → 4 を
繰り返します

かかとを台より
下ろすことが
ポイント

かかとを台よりも
少し下までゆっくり下ろす

両方のかかとをまっすぐ下ろし、ふくらはぎをしっかり伸ばします。

3

かかとを上げ、つま先立ちになる

つま先立ちになったときに、ふくらはぎの筋肉が使われているのを感じて。

132

シングルレッグ・エレベイテッド・カーフレイズ

片足で行うことで、更に強度がアップします。お腹を締めながら行うことで体幹（コア）や腹部まわりを鍛える効果がアップします。

手は添える程度に！

2

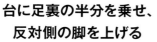

台に足裏の半分を乗せ、反対側の脚を上げる

上げた脚のひざは90度になるように意識して曲げましょう。

1

階段や台に立つ

両手をつくところがある階段や壁の前に台を置いて行いましょう。

（目標回数）

$\dfrac{\boxed{3} \rightarrow \boxed{4} \text{で}}{\boxed{1}\text{回}}$

左右各
10回
×
2セット

ビギナーさんは

左右各
15回
×
2セット

慣れてきた方は

2分

インターバル

呼吸を止めずに

4

3

体幹を意識

つま先重心

$\boxed{3} \rightarrow \boxed{4}$ を
繰り返します

かかとを台よりも
少し下までゆっくり下ろす

かかとを下ろすときに、ふくらはぎがしっかりと
伸びるのを感じましょう。

かかとを上げ、つま先立ちになる

上げた脚はそのままキープしつつ、軸足のつま
先に体重をかけてかかとをゆっくり上げます。

美やせ筋

14

水着の似合う引き締まったお腹になりたいアナタは！

腹直筋

RECTUS ABDOMINIS MUSCLE

身体のお悩みパーツNo.1。腹直筋は胸下から恥骨まで縦につながる筋肉で、シックスパックやお腹の縦線を作っているのがこの筋肉。運動不足、筋力低下、食べすぎ、飲みすぎの履歴がしっかりと出るので、自己管理力が問われる部位。腹直筋を鍛えることで、姿勢や骨盤を安定させ、エネルギーが上がりブレない軸を作るので、とても大事。ぽっこり&ぷよぷよお腹を卒業して、スキニーパンツや水着を楽しもう！

ココを鍛えると！

ぽっこりお腹との決別♥	✓
お腹に縦線が出現。6つもしくは8つに割れるのも夢じゃない！	✓
強い体幹（コア）を作る！	✓
猫背や反り腰などの姿勢の改善♥	✓

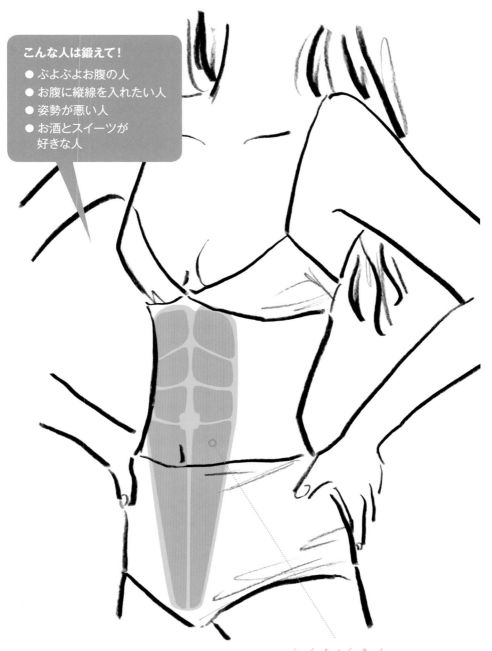

こんな人は鍛えて！

● ぷよぷよお腹の人
● お腹に縦線を入れたい人
● 姿勢が悪い人
● お酒とスイーツが
　好きな人

お腹の前面中央にある腹直筋。胸下から恥骨ま
でつながる長い筋肉で、体幹部を屈曲させて臓
器を守る役割があります。臓器を正しい位置に戻
し、引き締まったお腹になることが期待できます。

ふくちょくきん
腹直筋

腹直筋全体にアプローチし、強化。
しっかり習慣化して引き締まったお腹
を手に入れよう!

レッグトゥハンド

1
仰向けになる

腰が反らないようにしましょう。両腕は体側に軽
く置きます。

2
片脚を上げる

両足を腰幅に開いたら、片脚を
天井に向けて上げます。できる
だけひざを伸ばします。

つま先は天井方向

できるだけひざを伸ばす

腰が浮かないように

（目標回数）

3 → 4 で **1**回

左右各
10回 × **1**セット
ビギナーさんは

左右各
15回 × **1**セット
慣れてきた方は

2分
インターバル

できるだけひざを
伸ばして

3

息を吐きながら、上げた脚と反対側の腕を近づける

息を吐きながら上体を起こし、つま先と腕を近づけたところで1秒キープ。

KEEP
1秒キープ！

吐く

地面スレスレで
ストップ

脚を地面につけずに
繰り返すので
かなりキツイ！

吸う

4

息を吸いながら、脚と腕を地面スレスレまでゆっくり下ろす

腕はひじを伸ばしたまま、脚と一緒にゆっくりと下ろします。

3 → 4 を繰り返します

腹直筋の下部を鍛えながら、内転筋も鍛えることができるトレーニング。ぽっこりお腹解消にはもちろん、体幹（コア）の安定にも効果的。

下っ腹と内ももが引き締まる！

オープンシザーズ

Ⅰ

仰向けになり、両手はお尻の下に入れる

お尻の左右どちらかに重心が偏らないように注意しましょう。

肩の力を抜いてリラックス

両手はお尻の下に

腰が浮かないように注意

2

両脚を45度に上げる

両脚を揃えたままゆっくりと上げます。地面に対して45度くらいを目安に。

10回 × **1セット**
ビギナーさんは

15回 × **2セット**
慣れてきた方は

2分
インターバル

左右で
1回

3
両脚を上下に動かし、
2 の体勢に戻す

勢いをつけずにお腹にしっかり力を入れてゆっくりと脚を上下に動かし、2 の体勢に戻します。

呼吸は止めずに

できるだけひざを伸ばして

勢いをつけずにゆっくり開く

4
左右にゆっくり開脚し、
2 の体勢に戻す

左右にゆっくりと開脚します。できるだけひざを伸ばしましょう。

2 → 3 、 2 → 4 を
繰り返します

95

美やせ筋

15

ウエストラインがキュッとくびれてみるみる細くなる♥

腹斜筋

ABDOMINAL OBLIQUE MUSCLE

脇腹に位置する筋肉。メリハリをつけ、くびれを作る際に重要な筋肉です。腹斜筋は日常であまり使うことがないので、腰まわり、お腹のサイドに脂肪がつきやすくなります。くびれがない人、寸胴の人、腰まわりのモタつきが気になる人は、腹斜筋を鍛えて、カーヴィな女性らしいラインを手に入れよう。お腹まわりはトレーニングの継続が必須！かなり脂肪がついている人は、有酸素運動もセットで行うと効果アップ。

腹斜筋を鍛えると！

キュッとしたくびれを作る♥	✓
腰まわり、ウエスト全体がスッキリ〜♪	✓
姿勢改善＆腰痛予防に！	✓
苦しい便秘から解放される！	✓

こんな人は鍛えて！

- 寸胴な人
- くびれがない人
- 姿勢が悪い人
- お腹の浮き輪肉で
  悩んでいる人
- お腹のサイドに
  縦線が欲しい人

腹斜筋

腹斜筋は腹筋群の一部で、脇腹に位置する筋肉。表層にある外腹斜筋と中〜深層にある内腹斜筋があり、脇腹から腹部をコルセットのように覆っていて内臓を保持したり、体幹（コア）の動きに関与しています。

腰まわりがスッキリ!!

クロスクランチ

お腹をねじりながら、腹斜筋にアプローチ。腹直筋も鍛えられるのでお腹まわりの引き締めに効果的です。呼吸を忘れず、勢いをつけずに行いましょう。

I
仰向けになる

身体を一直線にして仰向けになります。両腕は体側に軽く置きます。

肩の力を抜いて

腰幅に

2
脚を腰幅に開いて、ひざを立てる

肩の力を抜き、脚を腰幅に開いて、ひざを立てます。

（目標回数）

3 → 4で 1回

左右各
10回 × 1セット
ビギナーさんは

左右各
15回 × 2セット
慣れてきた方は

2分
インターバル

ひじをひざの
外側にタッチ

吐く

3
息を吐きながら、
ひじとひざを近づける

息を吐きながら片脚を引き上げると同時に、反対側の手を頭に添えてひじをひざの外側にタッチ。

吸う

4

息を吸いながら、上半身を戻す

息を吸いながらゆっくりと上半身だけを戻します。

3 → 4を繰り返します

ニートゥエルボー

クロスクランチに慣れたら、トライしてほしい強度高めのトレーニングですが、効果は期待以上。腹斜筋と同時に体幹（コア）も鍛えられます。お腹が気になる人は腹直筋のトレーニング（P.90）とセットで行うのが効果的。

I
ひじをついて横向きに寝る

身体がまっすぐになるように意識しましょう。上側の手はお腹の前に軽く置きます。

2
上側の脚を引き寄せる

上側の脚のひざを曲げて上半身側に引き寄せます。

骨盤を正面に
向けて

（目標回数）

左右各

10回
×
1セット
ビギナーさんは

左右各

15回
×
2セット
慣れてきた方は

2分
インターバル

3

息を吐きながら、
ひじとひざを近づける

息を吐きながら上体を起こし、上げた
脚のひざと反対側のひじを近づけてお
腹をツイストしてタッチ。

吐く

勢いをつけず
ゆっくり戻して

4

息を吸いながら、
上半身を戻す

息を吸いながらゆっくりと上半
身だけを戻します。

吸う

3 → 4 を繰り返します

筋トレはスキンケアと同じ！

♥

　私の筋トレ歴は今年で18年になります。「なぜそんなに続けられるの?」と思われそうですが、私にとって筋トレはスキンケアと同じ感覚なので、特別なことではなく、日常的なものなのです。

　そもそもなぜ「スキンケア感覚」なのかというと、20歳のときに韓国の女優のファン・シネさんの写真集を見て、あまりの身体の美しさに感動したから。当時すでに40歳近くでいらっしゃいましたが、運動を継続されているとコメントされており、さほど運動が好きではなかった私が一念発起したのがきっかけ。もう1つは、ぶっちゃけてしまうと、私自身が特にスタイルがいいわけではないからです(笑)。抜きんでて顔が小さいわけでもなく、手足が長いわけでもない。いたって普通体型の私です。そう自覚しているからこそ、筋トレで身体を変えられることを知って、持ち合わせている自分のパーツに最大限の磨きをかけようと頑張って鍛えています。「筋トレをやめてフツーの身体に戻りたくない」というのが私のモチベーション。

　会員様でも「忙しいから通えませんでした」とそのまま辞めてしまう方を見ていると、もったいないなと感じます。なぜならば、筋トレはどれだけ完成形の身体に仕上げたとしても、月日が経てば、筋肉が退化して緩み、元の形に戻ってしまうから。

　身体の土台は骨と筋肉。健康も美もすべてはここから。スキンケアをしなければ質のよい肌が再生しないように、またその上からメイクをしてもベースに粗(あら)があれば映えないように、筋トレも同じで、筋肉があるからこそ、日頃の活動効率が上がり、若々しく見え、肌ツヤもよくなり、太りにくくやせやすい体質になれる。忙しいからこそ、体力を上げる必要があるし、時間がないからこそ、日々のすき間時間でトレーニングをする。食事も楽しみたいから、筋肉量を上げることで代謝スピードを上げる。

　何もせず怠るとワガママボディになり、どうにかしなくちゃ、と気づいたときには必要以上のお金と時間とパワーを注がなくてはいけなくなるわけです。

　筋トレは健康でキレイでいるための土台。すべてはそこから始まる。スキンケアと同じ感覚で、"チリツモマインド"で楽しみながらいこう!!

CHAPTER 2

女子あるある

シチュエーション別
8トレーニング

8 trainings for woman

何気ない日常の中に女子には勝負をかけなければならない日がありませんか？「●●の日に向けてトレーニングしたい」「●●な日までは頑張りたい！」と目標が決まったときに、その目標に向けて一直線に突っ走れて、時短で、効率的に結果が出る、おうちトレーニングがあればいいのに。そんな誰もが共感できる「勝負のとき」を後押しするべく、あるあるシチュエーション8つに合わせてトレーニングをセレクト。普段のトレーニングはなかなか頑張れないけれど、目標やイベント前ならヤル気が出るのが女子♡どれも今すぐ始められるお手軽なトレーニングばかりです♪
美やせ筋についての知識が深まったところで、さぁ一緒にトライ。

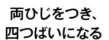

1

両ひじをつき、
四つばいになる

四つばいになり、肩の
真下に両ひじがくるよう
にします。ひざをつき、
足の甲も床につけます。

肩の真下に
両ひじが
くるように

2

お尻が上がらないように

お腹に力を入れる

2

↑

両足を遠くに伸ばす

両ひざを上げ、お腹に力を入れて
体重を支えるようにします。

両足は揃える

---

situation 1

デートの前の日

気になる彼、大好きな彼とのデート前日。さて、何から準備する? 女子にと
って、デートはすでに前日から始まっている! とっておきの服を選んで、普
段よりもヘアメイクも念入りに……♡と妄想は止まらない。何としても彼の
心を鷲掴みにしたいもの♡そして女性らしさをアピールできる「くびれ」も
準備しておこう! 身体にフィットしたニットや薄着でセクシーさを増したメ
リハリボディが完成。男性にはない「くびれ」は女子だけの最強の武器♡

ヒップツイスト [HIP TWIST]

このトレーニングで鍛えられる筋肉はココ！

- ・腹斜筋
- ・上腕三頭筋
- ・腹直筋

（目標回数） **2**→**3**、 **2**→**4** で **1**回

15回 × **2**セット

2分 インターバル

3

お尻をツイストし、 **2** の体勢に戻す

お尻をゆっくり傾け、大きくツイストしたら、**2** の体勢に戻していきます。

お尻のサイドを 地面に向けるように

腕はプルプルする けれど頑張って！

4

反対側のお尻をツイストしたら、 **2** の体勢に戻す

反対側も同様にツイストし、**2** の体勢に戻します。

頭は動かさないように

腰が反らないように注意

2→**3**、 **2**→**4**を繰り返します

1

足を揃えて立ち、両手を
胸の前で軽く組みます

背筋を伸ばし、まっすぐ立ちます。
両手は胸の前で組みます。

腰が反ったり
丸まったり
しないように

45°

背筋を伸ばして
まっすぐ立つ

2

両ひざを曲げ、
上体を 45 度前傾させる

両ひざを軽く曲げて上体を前に倒
します。背筋が曲がらないように注
意して。

situation 2

食べすぎた翌日

楽しくて、おいしくて、付き合いで。そろそろ止めようと思ったのに、つい
つい食べすぎてしまい、翌日後悔……。そんな日は誰にでもあるはず。食
べすぎてしまったら、翌日にリセットするのが肝心。 翌日をどう過ごすかが
大切なんです。思い立ったらすぐ行動。筋肉量を上げて、代謝を上げて、す
ぐに燃焼してしまおう！ 諦めるのはまだ早い！ 食べすぎた分が脂肪に変わ
るのか、消化できるのかは翌日のあなたの行動次第。

サイドランジ　[SIDE LUNGE]

このトレーニングで鍛えられる筋肉はココ！

- ・中臀筋
- ・内転筋

（目標回数）
2→3、
2→4で
1回

左右各
10回
×
3セット

2分
インターバル

3
片脚を真横に出し、2の体勢に戻す

ひざを伸ばし、つま先をピンと伸ばして1秒キープ。2の体勢に戻します。

KEEP
1秒キープ！

ひざとつま先の
方向は一緒

お尻から脚を出す
イメージで素早く
動かす

ひざを伸ばして
遠くに足をつく

つま先を伸ばす

KEEP
1秒キープ！

内転筋を
意識！

4
反対側の脚を真横に出し、2の体勢に戻す

ひざをしっかり伸ばして1秒キープ
したら、2の体勢に戻します。

2→3、2→4を
繰り返します

つま先を遠くへ伸ばす

1

仰向けになる

身体をまっすぐに伸ばします。両腕は手のひらを上にして体側に軽く置きます。

腰が浮か
ないように！

2

息を吐きながら、片ひざを曲げ 胸の方に脚を引き寄せる

息を吐きながら肩の余分な力を抜き、両手でひざを抱えたまま胸の方に向かって脚を引き寄せます。　→

息を吐きながら
心地よく引き寄せる

吐く

situation 3

便秘続きでお腹が張り、 気分がスッキリしない日

便秘解消のお薬や食べ物に頼るのもアリだけれど、最近忙しい日が続いていたり、リフレッシュできていなくて交感神経優位になっていたりするのかも。ひとりで好きなことをしたり、リラックスしている時間に便意は催したりするもの。ダウンライトにし、好きな香りや音楽に身を任せながら、丁寧に呼吸をしながら行ってみてください。気持ちが落ち着き、知らず知らずに抱えていた緊張やプレッシャーもほどければ、身体が緩んでスルスル〜ッと出てきてくれるはず♡

腹部ツイスト [ABDOMINAL TWIST]

このトレーニングでストレッチされる筋肉はココ！

- ・腹斜筋
- ・大臀筋

（目標回数） 身体が心地よく
ほぐれるまで

3

引き上げた脚側の腕を
肩の高さで伸ばす

ひざの位置はそのままで、腕を肩の高さで真横に伸ばします。

もも裏の
伸びを感じて

腕を肩の高さで
真横に伸ばす

4

ひざに置いた腕を腹部から
内側に大きくツイストし、
顔は伸ばした手の方に向ける

脚だけでなくお腹から大きくツイストすることを意識。3の体勢に戻して繰り返します。反対側も同様に。

両肩が
浮かないように

視線は伸ばした
手の指先に

脇から腰にかけてじーんと
伸びるのを感じて

I

仰向けになり、両ひざを立てる

仰向けになり、ひざを立てます。両腕は手のひらを下にして体側に軽く置きます。

ブロックをギュッとつぶすイメージで

かかとがひざの真下にくるように意識して

2

ブロックを内ももで挟む

トレーニング用のブロックがなければクッションなどで代用してもOK!

situation 4

スキニーデニムをはく前の日

スキニーデニムは、ステキにはきこなしたい憧れのアイテムの一つ。だからこそカッコよくはきこなしている女子がいると、ついつい目で追ってチェックしてしまいませんか？女子は女子をよく見ている！スキニーデニムでは脚とお尻のラインが隠せないので、そのラインの実力を少しでも上げておきたい。内ももの筋肉を使えていないと、内ももがブニッとして引き締まった美脚には見えないので、前日から気合を入れて、そしてキュッ♡と上がったまぁるいお尻でステキにはきこなしちゃおう！ 目指せ！女子から視線で追われる私。

ヒップリフト 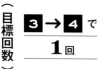 [HIP LIFT]

このトレーニングで鍛えられる筋肉はココ！

・内転筋

・大臀筋

（目標回数）

3 → **4** で **1**回

10回 × **3セット**

2分
インターバル

3

お尻をゆっくりと真上に上げる

内ももを意識しながらお尻がギュッ
と硬くなるところまでお尻を上げて
2秒キープ。

内ももを意識！

KEEP
2秒キープ！

内ももの筋肉に
効いているのを感じて

4

お尻を地面スレスレまで
ゆっくり下ろす

大臀筋の収縮を感じながら、お尻をゆ
っくり地面スレスレまで下ろします。

3 → **4** を繰り返します

1

仰向けになる

仰向けになり、身体をまっすぐに伸ばします。両腕は手のひらを下にして体側に軽く置きます。

腕や肩に力が入らないように注意

2

両脚を45度の位置に上げる

ひざができるだけ曲がらないように注意しながらお腹に力を入れて脚を上げます。

腰が浮かないように！

45°

---

situation 5

旅行で水着を着る1週間前

1週間後はワクワク楽しみな旅行！ 最も準備に時間がかかるのが、水着が似合う身体作り……。いろいろと気になるパーツはあるけれど、やっぱり一番はお腹じゃないですか？ ビキニタイプはもちろん、ワンピースタイプでもぽっこりお腹じゃメリハリがないし……。ということで、1週間前から水着が似合うお腹の仕込みをスタート!! 気合いを入れて1週間、欠かさず毎日行ってくださいね。ツイスト動作も入っているので、お腹を引き締めつつ、くびれも仕込みましょ♡

ニートゥエルボー [KNEE TO ELBOW]

このトレーニングで鍛えられる筋肉はココ！

- 腹直筋
- 腹斜筋

（目標回数）

左右
3 → 4 で
1回

20回
×
3セット

2分
インターバル

3

両手を後頭部に軽く添え、頭を上げてひざを引き寄せる

片脚のひざを上半身の方へ引き寄せます。首に力が入りすぎないように！

呼吸を止めないように

4

ひじとひざを近づける

上体を起こし、ひねりながら反対側のひじをひざの外側にタッチして脚を入れ替えます。

首に力が入らないよう注意

ひじをひざの外側にタッチ！

左右交互に 3 → 4 を繰り返します

1

足を太ももの上に乗せ、足の指と指の間に手の指を入れて足首を回す

身体の末端部分である足の指をほぐすことで血液やリンパもめぐり、むくみの解消に効果的。足首は右回り、左回りそれぞれ5回ずつを目安に回して。

力を入れすぎず優しくさすって!

2

両手のひらで足の甲をさする

全体的に足の冷えを解消してあたためます。同時に老廃物も流します。右足、左足それぞれ20回ずつを目安に。

（目標回数）
身体が心地よく
ほぐれるまで

足首は両方向にゆっくり回して!

situation 6

むくみが気になる日

むくみを甘く見てはいけません!! 立ち仕事が続いたり、座りっぱなしでむくみ放題。そう感じたら、その日のケアが重要。むくみの元は身体の外に出すべき余分な水分や老廃物。身体がむくんでいるということは、本来の身体よりも余計に膨らんでいるということ。身体のパーツだと特に脚! 脚が太くて悩んでいて……という人のほとんどはむくみが原因なんてこともあります。気になる日は10分くらいかけてマッサージしてデトックスしてあげましょ♡

脚のリンパマッサージ [LYMPHATIC MASSAGE]

このマッサージでほぐれる筋肉はココ！

- ・腓腹筋
- ・内転筋

痛気持ちいい
程度の圧で

3

4

足首からひざ裏
にかけて、
さすり上げる

ふくらはぎ全体を両手
で挟み、足首からひざ
裏のリンパ節に向かっ
て流すようにマッサー
ジ。右足、左足それぞ
れ10〜15回ずつを目
安にさすり上げて。

CLOSE UP

3

内くるぶし、
かかとまわりを
親指と人差し指で揉む

かかとまわりには老廃物が溜まり
やすいリンパ節があるので入念
にマッサージ。右足、左足それぞ
れ30秒程度を目安に揉んで。

5

あぐらになり、
手のひらで内もも
に圧をかける

前かがみになって内もも
に適度な圧を加えます。
5秒間圧を加えて1度離
す、を5回繰り返します。

老廃物をひざ裏に流す！

6

そけい部に手のひら
で圧をかける

そけい部を手のひらで
押して刺激します。そ
けい部にはリンパ節が
あるので、脚の老廃物
を流すにはここが重要
な拠点です！
5秒間圧を加えて1
度離す、を5回繰り
返します。

垂直に押して
圧をかけると
効果的！

そけい部は
念入りに！

2

親指と人差し指で耳たぶを挟み、外側に引っ張る

耳の横、耳の上も引っ張ってほぐします。左右同時に10回程度を目安に。

1

ほお骨の下にあるくぼみに親指をひっかけ、上に持ち上げる

顔のむくみの解消、リフトアップに効果的。3秒×5回を目安に。

下から上に

---

situation 7

女子会の前の日

女子会って話は尽きないし、楽しいですよね♪ 目の前に座っているお友達を見ているだけなのに、「フェイスラインがスッキリしているなぁ」「なんか幸せそう」「疲れてるのかな」「やせたなぁ」なんて、言葉には出さずとも自然と状態を敏感に悟られているもの。その情報は一体どこから？ そう、それは顔面&顔まわり! 顔がむくんでいるだけで、2kgは太って見えます。前日から入念にリンパの詰まりを流して小顔でリフトアップした自分で会おう!

小顔マッサージ [FACE MASSAGE]

このマッサージで解消できる悩みはコレ！

・顔のむくみ、たるみ　　・二重あご

・肌のくすみ

（目標回数）

顔がスッキリと

ほぐれるまで

※お風呂上がりなど肌が柔らかくなっているときに行うのがオススメ。クリームなどを使用し、肌をこすりすぎないように注意しましょう

3
耳下腺から鎖骨へ流す

フェイスラインがはっきりとした小顔に。ここも、リンパが流れている場所。二重あごの解消などにも効果があるので念入りに行って。両手で10回程度を目安に流しましょう。

4
頭皮を斜め後方へ引き上げる

頭皮は顔の皮膚とつながっているので、頭皮をしっかりケアすることで顔もリフトアップ！ 両手で10回程度を目安に。

鎖骨は古いリンパを
流してくれる場所

顔のむくみも
解消！

お尻が上がら
ないよう注意！

（目標回数）　1 → 7 で 1周　サーキット 2周　 2分 インターバル

両手は肩幅

マウンテンクライマー

1 プランクから、
両ひざを交互に
胸の方へ引き寄せます。
左右で1回として10回程度を目安に。

1

2

ショルダータッチ

1 プランクになります。
片方の手で反対側の
肩にタッチします。
2 プランクに戻り、
反対側も同様に行います。

お腹に力を入れて！

頭から足先まで
一直線になるように！

に会った日

た日。その美しさに感化さ
なくなる日はありませんか？
きたくなった日は、このサー
中でやめてしまうけれど、今
モチベーションピークの自
な人がそばにいるというこ
道。

1

2

この体勢の
ままジャンプ！

両手は
肩幅

プランクジャンプ

1 プランクになります。
2 お尻が上がらないように
して、ジャンプしながら
両足を肩幅に開きます。

指先までピーンと一直線に！

2

1

脂肪燃焼サーキット [FAT BURNING CIRCUIT]

このトレーニングで鍛えられる筋肉はココ！

・腹直筋　・三角筋

・腹斜筋

1

2

ニーツイストプランク

■ プランクから、
ひざを曲げ、
反対側の脇の
下へ引き寄せます。

■ 反対側も同様に行
います。

3

1

スパイダープランク

■ プランクの状態から
ひざを曲げ、二の腕の
方へ引き寄せます。

■ 反対側も同様に
行います。

2

股関節を開いて！

肩に体重が乗り
すぎないように！

1

KEEP
10秒キープ！

KEEP
10秒キープ！

サイドプランク

■ プランクから、片方の
手を上げ、骨盤を正面に向け、
10秒キープします。

■ 反対側も同様に行います。

2

ニートゥプランク

■ サイドプランクから、
上になっている方の腕の
ひじとひざを引き寄せます。

■ 上側の方の腕を一直線に
なるように伸ばします。
反対側も同様に行います。

119

DIET CALENDAR

手帳や携帯電話でスケジュールを管理している方が多いと思いますが、その際に「ダイエットスケジュール」も書き加えてみませんか？ 生理予定日を中心に、女子会、旅行、習い事など、すでに決まっている予定を書き込んで、それに加えてたとえばこんなふうに「21日間のダイエットプログラム」をぜひ事前に組んでみましょう！ 次ページには白紙のカレンダーをつけました。手帳とは別に作りたい方は直接書き込んだり、コピーして毎月ダイエットカレンダーを書き込んで冷蔵庫に貼ったり。ぜひアレンジして楽しんでください♡

MEMO

....

....

....

....

....

そのまま書き込んでもいいし、
コピーして毎月自分だけの
ダイエットカレンダーを
作ってみても♪

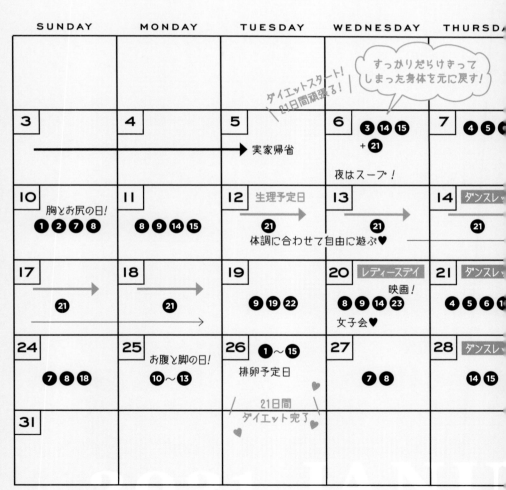

● コピーするなどして自分だけのダイエットカレンダーを作ってみてね!

DIET CALENDAR

SUNDAY	MONDAY	TUESDAY	WEDNESDAY	THURSDAY	FRIDAY	SATURDAY

MEMO

筋トレ初心者のための Q&A

トレーニング前後の食事や、トレーニングを行う時間帯など、
素朴な疑問を解消。

**トレーニング前後の
食事は何を摂れば良い?**

トレーニングの2時間前に食事を終え
ておくことがベスト♡
トレーニング直前にどうしてもお腹が空いて
しまったときはバナナなど、糖質で消化が早
いものがオススメです。

**「筋トレ初心者なので、
ビギナー向けの回数さえ
こなせません。。。」**

まずは正しいフォームをマスターして!

回数は目安なので、こなせなくても問題あり
ません♡回数をこなすことよりも、1回1回の
フォームや"どこに効いているのか"の意識を
持って丁寧に行うことが最速の効果につなが
ります♪

**トレーニングを
長続きさせるコツは?**

自分のモチベーションを保てるように、
楽しくできるポイントを作ろう!

たとえば、テンションの上がるウェアを着て
行う、友達と一緒にトレーニング日を決めて
行う、など♡効果を感じてくると、自然と楽し
くなり継続できます♪

**筋トレ初心者が
気をつけるべきことは?**

以下の3つをしっかり意識しましょう!

・無理をしたり、勢いをつけて行わないこと
・正しいフォームを意識して行うこと
・できるだけマットを使用して行うこと

トレーニングを行う時間帯は?

ご自身のライフスタイルに合わせて無
理なく行って!

交感神経が優位な、朝や日中がよいとされて
いますが、ご自身のライフスタイルに合わせ
て最も集中できて継続しやすい時間帯に行
うのがベストです。

**本書の15の美やせ筋のトレー
ニングの組み合わせはどんなふ
うに決めたらよいですか?**

悩んでいるパーツからスタートさせると
モチベーションが維持できるはず!

まずは、ご自身の気になるパーツを組み合わ
せて始めましょう♪ 慣れてきたら、上半身の
日、下半身の日という感じでパーツごとに行
うのもオススメです。

生理中も筋トレってしてもよい?

もちろん大丈夫ですが、体調と相談し
ながら無理はせずに行いましょう。

行っていただいて問題ありませんが、生理中
に体調が優れないときやPMSがつらい方は
無理をせずおやすみしてください♡

人間力が試されるこの時代を
力強く、タフに生きていくために

♥

　誰もが予期せぬウイルスの感染拡大に、私たちの生活が大きく変わった2020年。マスク必須の日常に、行動範囲の制限、オンライン化、リモートワーク。

　過ごし方、働き方に変化が起こり、ポジティブな側面もあれば、つらく、耐え難い苦境に立たされている方たちも、いまだ多くいらっしゃると思います。

　人生の中でよい時期もあれば、つらく苦しい時期もある。誰しもが経験する流れではないでしょうか……。

　目の前の状況を受け止めきれず、自分の感情が溢れ出し、コントロールできずにキャパオーバー。情緒不安定になり、メンタルが崩壊してしまう出来事。

　最近でいうと、私のメンタルが試されたのは、2年前の離婚が決まったときでした。当時は、フリーのヨガインストラクターとして、東京を拠点に福岡ではヨガスタジオも運営していました。離婚の気持ちの整理も全然ついていないまま、家を出た際には、ヨガマット2枚とハンガーラック、最低限の衣類だけで、家具も家電も何もない部屋からスタートすることに。もちろん経済的にサポートしてくれるような人は1人もいない状況です。福岡のヨガスタジオを今後も継続していくのか、東京での仕事はこれからどうしていくのか。当時はパーソナルトレーナーを仕事にしていませんでしたし、東京でスタジオを借りるとしたら、負担も大きい。福岡のスタジオでさえ賃料も高く、それに加えて東京の自宅の家賃。それら3軒分の賃料だけでも、かなりの金額。さらに当時はヨガインストラクターや業務委託も含めて月に20人にフィーをお支払いしていたので、「今月は売り上げがないので支払えません」なんてことは許されません。

　それをクリアするためには、ミニマムでも全体でかなりの売り上げを上げ続けなくてはなりません。果たしてそんな毎月のプレッシャーを乗り越えていけるのか……私の器量でできるのか……。

　そんなことを何度も考え、悩みながら、私はスタジオを借りるためにも法人化し、東京と福岡の両方でスタジオ運営をしていく決意を固めました。

　うまくいくかもわからないけれど、「今まで大事に続けてきたレッスンとスタジオは守りたい」その気持ちだけでした。当時は、「これより下はない！　這い上がるだけだ！」と泣きながらも、筋トレを習慣化し、メンタルを整え、自分を毎日奮い立たせていました。

　今思えば、離婚後の1年はかなりメンタルがより強くなれる経験になりました。もし筋トレをしていなければ、あの状況に負けずに進んでいく強いパワーは生まれなかったと思います。突然の別れがくれたきっかけであり、新しい人生の始まり。

　ピンチに陥ったとき、何を思い、どう捉えるか、どう対処するかは、自分次第。これからは、いつ何が起こるかわからない時代。どんな状況にも柔軟にそしてタフに立ち向かっていける「メンタルの強さ、健康」こそが、必要になると思います。

　これから先どんなことが起こっても、自分を信じて、希望を捨てずに生きていけるように……心も身体も健康でいられるように……。

　私も、皆様と一緒に、笑顔を忘れずにこれからも過ごしていきたいと思っています♡

メンタルヘルスに
オススメなこと

☑1
身体を動かしてみる

気持ちが落ちているときはダラダラしてしまいがちだけど、とりあえず身体を動かしてみる。散歩からでもいいし、ランニングでも、ダンスでも、ボクササイズでもいい。まずは身体を動かしてみて、エネルギーの循環をしてみよう!! やってみたら気持ちまでスッキリ!

☑2
声を発する

誰にも会わずに家にこもっていると、人と話す機会がなくて、気がついたら一言も声を出していない、なんてことも。お風呂で歌ってもいいし、誰かと話してもいいし、とにかく声を発してエネルギーを上げよう。

☑3
しっかりメイクやファッションを楽しむ日を作る

以前に比べ、人に見られる機会が減ってしまっているかも。たまにはメイクやお気に入りの服を着てモチベーションアップを。女性でいることの楽しさや、ファッションやメイクが与えてくれるパワーをフル活用。

☑4
5年後の自分を想像してみる

今の状況ではなく5年後を想像してみること。「今はつらいけれど、ほとんどの経験があの出来事があったからこそ、と5年後には笑っていられるはず」と思えば、たいていのことは乗り越えられる!

☑5
「もし友達が悩んでいたら」と視点を切り換えてみる

現状がつらいと主観的に考え込みがちだけれど、「もし（同じことを）友達が悩んでいたら自分はどんなアドバイスをする？」と考えてみる。客観的に物事を見れば、答えが見つかるかも!?

☑6
上がれるワードを持っておく

私がつらいときに這い上がるために大切にしている言葉をいくつかご紹介します。「5年経てばいい経験」「別れるから出会える」「手放すから入ってくる」「とことん落ちたら上がるだけ」「すべては必然」「何もないからこそ強い」
メンタルが不安定なときでも、ポジティブワードが自分を支え、上げてくれる!

心も身体も鍛えられる筋トレで ポジティブに未来を描こう

最後までお読みいただきありがとうございました。いかがでしたか？

一人でも多くの方に、「トレーニングしてみようかな」「なるほど！そういうことか！」と知識や理解が深まる興味を持っていただけるきっかけになったら、とても嬉しいです。

2020年は新型コロナウイルスの影響で、精神的につらい思いをした方や仕事を失った方、今もこの状況に苦しんでいる方も多くいらっしゃると思います。私も自粛期間中は、日々の生き甲斐であったレッスンができなくなり、かけがえのない存在だった母の死があり、さまざまな思いや、言葉にならないもどかしい日々を経験しました。

ですが、どんな状況下でも心身の健康は最優先であり、今もそしてこれからも、フィットネスは必ず人が健康的に生きていくうえで、必要だということを改めて感じ、より多くの人にフィットネスの楽しさを伝え、サポートする側として、今後の私の人生のミッションにしたい！と強く思うようになりました。

今後も予想もしないことが起きるかもしれません。そのときに柔軟に対応できる自分を備えていることが大切です。

フィットネスはメンタルも強くしてくれます。ストレスを感じているとき、自分らしくいられないとき、気持ちがモヤモヤしているとき、試着

筋トレで
前向きな自分と
理想の身体を
手に入れよう♡

室で、自分に自信が持てずにいるとき。

そんなときこそ身体を動かして、いつもより頑張ってみる。

ほんのちょっといつもより頑張った自分が、自分に自信をくれて、身体も変化していく。

身体を変えられると、人生を変えていくパワーが生まれます。

どんなときも自分を諦めず、明るい未来をイメージしながら一緒に頑張りましょう！

最後に、前作同様、このような機会を与えてくださり、編集を担当してくださった小寺智子さん、天国で見守ってくれている両親、そしてスタジオに通ってくださっている会員様。いつも本当にありがとうございます。心から感謝を込めて……。

皆様とどこかでお会いできる日を楽しみにしています。

2020年　12月　扇田　純

127

扇田 純 （おおぎだ・じゅん）

株式会社 J's Beauty 代表

1982 年生まれ。福岡県出身。モデル、ヨガインストラクターを経て、パーソナルトレーナーへ。2018 年、「ヨガ×筋トレ×マッサージ」を組み合わせた独自のメソッドを考案。東京・恵比寿に「J's Beauty Studio」をオープン。2 週間でキャンセル待ちの状態となる。健康的で女性らしい身体・マインド作りを得意とし、最適なトータルビューティーを提案。スタジオにはモデルやインフルエンサーも多く通う。短期間でも結果の出るブライダルトレーニングも好評。

他、トレーニング監修やメディアでの連載、オンラインレッスンも行っている。著書に『くびれ番長の 2 週間で 5kg やせるおうちトレーニング』(宝島社) がある。

HP https://jun-ogida.com
Instagram @jun_oogida

J's Beauty Studio
東京都渋谷区恵比寿西 1-5-1 WM YEBISU401

Staff

撮影：吉岡真理
ヘア＆メイク：青山理恵 [nude.]
イラスト：yuko saeki
DTP：藤田ひかる
[株式会社ユニオンワークス]
デザイン：福本香織
構成・ライティング：佐藤玲美
アシスタント：渡辺美保
編集：小寺智子

講談社の実用 BOOK

くびれ番長の
21日間で試着室でも自信が持てる私になる

2020 年 12 月 10 日　第 1 刷発行

著者：扇田 純

発行者：渡瀬昌彦
発行所：株式会社講談社
　　　　〒 112-8001 東京都文京区音羽 2-12-21
　　　　TEL：編集　03-5395-3400
　　　　　　　販売　03-5395-4415
　　　　　　　業務　03-5395-3615
印刷所：凸版印刷株式会社
製本所：大口製本印刷株式会社